2020年東京オリンピックとは何だったのか －欺瞞の祭典が残したもの－

中村祐司著

成文堂

はしがき

　直近の三つの出来事からも、2020年東京オリンピック・パラリンピック大会（東京五輪）が欺瞞の祭典であった事実を垣間見ることができる。

　一つ目は、東京五輪の大会経費について、無観客開催となったことで大会運営費や新型コロナ感染対策の人件費などが大幅に削減されたため、失われた組織委のチケット収入分約900億円などの追加負担を東京都や政府が行う必要がなくなったというものである。あたかも、大会経費についてはこれで一件落着といわんばかりである。開幕直前に無観客を決定したとしても、政府や組織委が、その場合の経費削減額の見通しを把握していないはずはない。無観客をいち早く打ち出さずに、有観客にぎりぎりまで拘泥したことの意思決定の失敗を覆い隠し、後付けのこのタイミングで、大会経費は問題なかったと表明した理由は何なのだろうか。

　二つ目は、軌を一にして、札幌市が2030年冬期五輪大会招致の概要計画を発表したことである。開催都市の負担を極力少なくし、大会運営費はチケット販売やスポンサー収入で賄うという。東京五輪の検証・総括もなしに、なぜ五輪誘致に踏み切るのであろうか。大会を開催する意義は一体どこにあるといえるのか。

　三つ目は、国際オリンピック委員会（IOC）のトーマス・バッハ会長が、五輪史上、最も多くの視聴があったことを一つの理由に挙げて、東京五輪を「安全に開催され、大成功だった」と総括し、加えて札幌市の開催能力を高く評価したことである。多角的な検証を行い、謙虚な反省に立って、大会が成立したことを安堵する発言ならまだしも、検証抜きに自身に都合のいい数値を引っ張ってきて、「大成功」と明言するやり方に説得力はあるのだろうか。こうした外向けのスタンスは、2013年9月の東京五輪開催決定後に数々の難題に見舞われた政府や大会組織委員会、東京都にも通底していた。

　本書は、大会開催1年延期の決定（2020年3月）以降も、コロナ禍が収束しない状況が続いた2020年11月から、東京五輪（オリンピック）が閉幕を迎えた2021年8月8日までを主な対象期間に設定し、東京五輪開催をめぐる諸課題の噴出と、その対応における政府、組織委、都、IOCといった東京五輪利害共同体のネットワーク・ガバナンスの作動や機能の特徴を、行政学の欧文文献の視点も取り入れつつ、明らかにしようとするものである。

　第1章「東京五輪開催の危機」では、感染防止と経済浮揚策（Go To キャンペーン）との板挟みに直面し、後者を優先する政策を取り続けた政府が、2021年1月に五輪競技会場が集中する首都圏1都3県に緊急事態宣言を出す事態に追い込まれた時期に焦点を当てる。また、大会追加経費をめぐる政府、組織委、都との間での負担をめぐる摩擦がない中での追加経費の内容をめぐる説明の不十分・不透明さを指摘する。緊急事態宣言の発出により、政府のコロナ対策会議の存在と役割が後退し、海外選手等の入国緩和措置も明確に打ち出すことができなくなり、こうした一連の経緯を東京五輪開催の開催をめぐる危機状況の発生と位置づける。

　第2章「東京五輪組織運営の危機」では、2021年2月における組織委会長の女性蔑視発言により生じた、組織委の機能停止状況（第1の危機）と、2021年3月の海外からの観客受け入れ断念（第2の危機）に注目する。東京五輪が掲げる価値やレガシーの毀損行為であり、中止論、再延期論、無観客開催論などが飛び交う中、政府、組織委、都、IOCの開催ありきのスタンスの背景にある特質を探る。

　第3章「東京五輪の『負の政策レガシー』」では、開幕（2021年7月23日）前の直近3カ月間（2021年4月から7月8日まで）に焦点を当て、主要な利害関係者（ステークホルダー）である政府、組織委、都、IOC、スポンサー企業の各々の影響力行使の相互作用による政策過程の特徴を明らかにする。コロナ医療対応、観客制限、選手・関係者の受け入れ、まん延防止等重点措置・緊急事態宣言の発令、政府の「新型コロナウイルス感染症対策分科会」の提言など、主要関係アクター間の相互作用の結果と絡ませながら、東京五輪準備

の政策過程の特徴を提示する。

　第4章「東京五輪と地方創生」では、政府の重要政策としての地方創生（第1期・第2期総合戦略）に注目し、地方スポーツ市場戦略に関わる記載の有無を確認する作業を通じて、地方スポーツの市場化をめぐる課題を明らかにする。そして、同様の作業を通じて、総合戦略における東京五輪の位置づけについて言及する。コロナ禍に直面したことで、総合戦略における東京五輪の記載はほぼ消滅したことを確認する。

　第5章「東京五輪のコロナ禍・無観客開催」では、コロナ危機下での開催強行は、大会が一応は終了したことをもって、成功とされていいのであろうかとの問題意識のもと、関係機関の相互作用や対応システムの動態（ネットワーク・ガバナンス）に注目し、五輪大会運営というある種の政策実施が適切に遂行されたのか否かを考察する。東京五輪作動システムにおいて生じた機能不全現象を浮き彫りにする。

　東京五輪をめぐる評価は歴史が決する類のものであろうか。おそらく肯定論や否定・批判論がないまぜになった状態のまま、後世に引き継がれる側面もあると思うようになった。ただその際に、新聞メディアが報じた無数の事実行為については、その詳細への深入りには限界があるとしても、何らかの形で整理・把握されていなければならないし、断片的な事実の集積を対象に歴史研究につなげるためにも、今、現在の問題として考察する意義があるだろう。その一端を本書が担っているという自負心は過剰かもしれないし、そこから浮かび上がった特徴をもとに、それらを凝縮したサブタイトルにあるような批判用語を掲載すること自体、読者からはお叱りを受けるかもしれない。しかし、情緒的・心情的な後付けの評価と、東京五輪利害共同体が突き進み、食い尽くそうとして、結局は誤算に終わったこの祭典の果実とは分けて捉えなければいけない。

　なお、各章に記載している組織の名称や所属・肩書きについては、いずれも各々の執筆時点のものである。

　成文堂編集部の篠﨑雄彦氏は、『2020年東京オリンピックの研究―メガ・

スポーツイベントの虚と実—』、『2020年東京オリンピックを問う—自治の終
焉、統治の歪み—』、『2020年東京オリンピックの変質—コロナ禍で露呈した
誤謬—』に続き、刊行への道筋を付けてくださった。原稿作成が行き詰ま
り、焦燥と呻吟の状態にあったまさにその時に、「次回の出版を楽しみに」
という温かい言葉をいただいたのである。さらに、出版に至る校正期間の設
定など、大変な労を取ってくださった。ここに重ねて心から感謝の意を表し
たい。

　なお、本書の出版にあたって、「宇都宮大学学術図書出版制度支援事業」
の助成を得た。

2021年12月

中　村　祐　司

初出一覧

第 1 章 　原題「2020年東京オリンピック開催をめぐる瀬戸際状況の発出」（『地域デザイン科学』第10号、2021年）

第 2 章 　原題「2020年東京オリンピックの組織・運営をめぐる二つの危機」（『地域デザイン科学』第10号、2021年）

第 3 章 　原題「東京五輪における『負の政策レガシー』とは何か」（『日本地域政策研究』第27号、2021年）

第 4 章 　原題「基本計画と総合戦略から見る"地方スポーツ版アベノミクス"」（日本体育・スポーツ経営学会第64回研究集会提出原稿、2021年10月17日）

第 5 章 　書き下ろし

目　　次

第1章　東京五輪開催の危機

1　開催をめぐる危機的状況の発生期

　2020年東京オリンピック・パラリンピック大会（東京五輪）に関わる諸アクターは、国外ではIOC（国際オリンピック委員会）、IF（国際スポーツ競技連盟）、IOCのスポンサー企業など、国内では組織委（大会組織委員会）、政府、開催都市、地方自治体、組織委のスポンサー企業など、多岐にわたると同時に多元・多層的に存在し、いわば東京五輪空間とも呼ぶべき世界において、各々が影響力を行使するところの相互作用が見られる。

　本稿ではこうした東京五輪をめぐるダイナミズムの特性をガバナンス研究等の助けを借りて把握した上で、とくに東京五輪開催の危機状況が発生した2020年11月、12月、21年1月の3カ月間に注目し、各々の期間の特徴を1カ月単位で探ることとする。以下、五つの文献の知見内容を紹介し、政府が「同輩中の主席」としての役割を演じさせられること、MLG研究における関係組織の作動が東京五輪関係組織のそれと類似していること、FIFAとIOCの役回りの相違点と共通点、東京五輪における規制当局としての政府等の行動特性、ガバナンス失敗の観点からの東京五輪について考察する。そして、対象期間において顕著となった開催懐疑論、それを封じるかのようなIOCや組織委の動きや発言、追加大会経費をめぐる説明責任の欠如、開催を前提とする政府の硬直的な姿勢を浮き彫りにしたい。

2　ガバナンス研究と MLG 研究

　トーマス・ビーブリエ（Thomas Biebricher）によれば、ガバナンス研究が世界中に浸透したのは、その対象が企業から超国家及びグローバルガバナンスまで、広範な研究対象として適用されたからである。ガバナンス研究は、統治の過程に関わる広範囲に及ぶ諸組織や組織間関係を取り扱う。国家・政府といった概念は、統治過程の考察対象としては狭くなってしまう。国家・政府研究のみでは国内の市民社会、地域・国家間・超国家・グローバルなアクターが対象外となってしまう。一方で、ガバナンスの配列において政府も国家も消滅することはないがゆえに、「政府からガバナンスへ」という定式文句は誤解を生む。本来の意味は、国家権限に依存する行動のヒエラルヒー形態から、政府・国家が自らを「同輩中の主席（primus inter pares）」として見なすところの、相互作用の協同フォームへ移行し、統治活動において役割を分かち合う他の諸アクターとの協議を通じて、様々なリソースに依存するようになる、というものである。ガバナンス研究では、公共選択や共同体の議論を引用しつつ、規範的な次元においては効率性の向上、政策アウトプットもしくは公共サービスの質の向上、コスト削減、市民社会との関わりの増大、あるいはこうしたものすべての組み合わせに焦点が当てられる[1]。

　マルティーノ・マゲッティ（Martino Maggetti）らは、マルチレベル・ガバナンス（MLG）の概念は、異なる管轄レベルに位置する各政府の相互作用を通じて諸政策が作られるところのプロセスと制度を理解するために、EU 統合の研究から生じたと位置づける。国家から見た各レベルへの作動認識について、相互作用における「下向きの垂直的次元（the downwards' vertical dimension）」から超国家や国際組織への「上向きの垂直的次元（the upwards'

1　Thomas Biebricher, "Faith-Based Initiatives and the Challenges of Governance," *Public Administration*, (2011), Volume89, Issue3, 1005.

表 1　MLG 次元における二つのタイプと方向性

策の構成／非国家化の方向性	タイプⅠ	タイプⅡ
上向き	国際組織への包摂へ	超国家機関への集約へ
下向き	サブ・ナショナルな政府や市町村へ	職務機能的な領域へ
横向き	協調の舞台や組織化された利害配列へ	特定分野の規制当局や私的アクター（企業）へ

資料：Martino Maggetti and Philipp Trein, "Multilevel governance and problem-solving: Towards a dynamic theory of multilevel policy-making?," *Public Administration*, (2018), Volume97, Issue2, 359. を日本語訳。

vertical dimension）」に広がり、さらに規制機関、企業代表、非政府組織、社会運動といった自立的な非国家アクターの権能に注目する「横向き（sideways）」のプロセスをも包摂するとした（表1）。また、超国家レベルの政策形成における「集団的問題解決（collective problem-solving）」に注目した。

　MLG の概念は、政府の異なるレベルをまたぐ多様な諸アクター間での相互作用を把握するために適用される。タイプⅠは一般的な目的を有する領域的に限定された統治組織内で生じる相互作用である。タイプⅡは数と範囲が限定されない形で重複する管轄領域において、任務固有のロジックに従って生じる相互作用である。この概念は国家を超えたトランスナショナル・ネットワーク、グローバル規制当局、市民社会イニシアチブの重要性が増すにつれて、一般化されるようになった。

　タイプⅡのガバナンスの配列では、政策立案者は専門家など知識コミュニティ（epistemic communities）として従事し、一般市民からは比較的分離され、特定の政策課題をめぐる専門性や能力に重きが置かれる。政策立案者は長期間にわたり、知識ベースの技術的アプローチにより解決できる技術的課題に向き合う。対応の類型は、問題の解決に有効な場合とそうでない場合、

表2　マルチレベルの政策作成における対応の類型

	問題の派生力が強い場合	問題の派生力が弱い場合
問題解決が有効な場合	（1）タイプⅠかタイプⅡの適用には変更なしか若干の変更。代表の変更の可能性（求心力のある代表への変更など）	（2）タイプⅠかタイプⅡの適用には変更なしか若干の変更。代表に変更なしか、若干の代表機能の修正
問題解決が有効でない場合	（3）タイプⅠとタイプⅡの両方の適用（タイプⅡに代わってタイプⅠの適用）、代表の変更	（4）タイプⅠかタイプⅡの適用。代表に変更なしか、若干の代表機能の修正

資料：Martino Maggetti and Philipp Trein, "Multilevel governance and problem-solving: Towards a dynamic theory of multilevel policy-making?," *Public Administration*, (2018), Volume97, Issue2, 365. を日本語訳。

問題の派生力が強い場合と弱い場合を組み合わせることで、四つに類型化される（表2）[2]。

3　FIFA・IOC 研究、規制の相互作用、ガバナンスの失敗

　ヘンク・エリック・マイヤー（Henk Eriki Meier）らは、各国政府に及ぼす FIFA の権限に注目し、以下のように指摘する。

　国際サッカーのガバナンスは利害関係者（stakeholders）、私企業アクター、公的機関の間の階層構造とネットワークの混合を意味する。国際サッカー連盟（FIFA）は、サッカーのトランスナショナル・ガバナンスにおいて三つの役割を果たしている。すなわち、統制及びルール作成、（ワールドカップの搾取を通じた）資金調達者及び（各国サッカー連盟への補助を通じた）資金提供者、そして、市場のゲートキーパー（a market gatekeeper）の三つの役割がそれである。IOC の場合、FIFA に匹敵するグローバルなイベント開催権限を持っているが、そのガバナンスの対象は五輪のみである。

　2　Martino Maggetti and Philipp Trein, "Multilevel governance and problem-solving: Towards a dynamic theory of multilevel policy-making?," *Public Administration*, (2018), Volume97, Issue2, 355-365.

　各国のサッカー産業や政策作成者に及ぼす FIFA の影響力は、グローバルなサッカーへの参加という排他的かつ枢要な「共同体利益」(club good) の提供にある。FIFA は各国サッカー産業の経済活動にとって不可欠な市場へのアクセスを効果的に制御する[3]。

　アルバート・メイジャー（Albert Meijer,）らは、政府による規制をめぐる実証研究の枠組みとして、相互に関係する五つの次元を設定した。

　第1に、政府の規制当局、起業、顧客グループ、仲介組織、専門職組織などの間の接触は、相互作用パターンからの分析が可能である。とくに技術官僚の配列（technocratic arrangements）では、高度な「ネットワーク中枢性（network centrality）」が見られる。規制当局は中枢アクターであり専門家のみと相互に関わる。情報はもっぱら専門的な利害関係者から政府の規制当局に向かう。この点で民主的な規制当局の配列とは対照的なものとなり、「知識の集約化」（collective intelligence）が図られる。

　第2に、規制当局と利害関係者の間の相互作用は、フォーマル・ルールとインフォーマル・ルールによって導かれる。前者では、企業や専門職から規制当局への情報や、顧客から規制当局に提供できる情報をめぐるやり取りがなされる。後者では、情報は利害関係者の間でやり取りされる。

　第3に、規制当局と利害関係者の間の相互作用パターンは、公開と参加の面から見られる。オープン配列の場合、利害関係者は規制に関する情報を提供され、利害関係者の参加は容易であり、法的な枠組みの主導でフォーマル・ルールが形成される。技術官僚的なアプローチでは、インフォーマル・ルールは閉じられた形で利害関係者の間で展開されるため、参加の機会はほとんどない。

　第4に、さまざまな権限形態（正式な委任、広報、法的強制など）はネットワークの相互作用を支配するために使われ、これらは他の諸アクターを排除

3　Henk Eriki Meier and Borja Garcia, "Protecting Private Transnational Authority against Public Intervention: FIFA's Power over National Governments," *Public Administration*, (2015), Volume93, Issue4, 893-901.

し特定のアクターを操作するために用いられる。諸アクターはウィン・ウィンとなる方策を探り、利害に近寄る道を探る。規制当局は現場の分析と特定の諸アクターとの相互作用にもとづいて、特定の利害を課す権限を持っているがゆえに、技術官僚的な配列においては利害の集約が行われるようになる。

第5に、技術官僚的アプローチでは、知識は少数の専門家グループに集中する。この場合、諸アクターは承認を得た関係組織が作成・認定した知識に依存する。知識は専門家からの伝達ではなく、利害関係者間の相互作用のプロセスで形成される[4]。

アーサー・A・ゴールドスミス（Arthur A. Goldsmith.）は、表3のように、ガバナンスをめぐる問題として、顧客（patronage）の取り入れ、キャンペーン資金の腐敗、選挙での不正行為、私物化あるいは顧客主義化された法制化と法執行、そして投資詐欺などを挙げた[5]。

4　東京五輪研究とガバナンス研究

ビーブリエのガバナンス研究に沿うなら、東京五輪をめぐる組織間関係では、「国家もしくは政府といったような概念は、統治過程の考察対象としてはあまりにも狭くなって」しまい、まさに、IOCやIOCスポンサー、放映権者、各国政府との調整の中で、「政府・国家が自らを『同輩中の主席』として見なすところの、相互作用の協同フォームへ移行」することになる。しかし、そのことと、政府の行動をめぐる「政策アウトプットもしくは公共サービスの質の向上」とが結びついていない。東京五輪政策ではむしろ、国

4　Albert Meijer, Wouter Boon, Ellen Moors, "Stakeholder Engagement in Pharmaceutical Regulation: Connecting Technical Expertise and Lay Knowledge in Risk Monitoring," *Public Administration*, (2013), Volume91, Issue3, 696-711.

5　Arthur A. Goldsmith, "Is Governance Reform a Catalyst for Development?," *Governance: An International Journal of Policy, Administration, and Institution*, (2007), Volume20, Issue2, 168-169.

表3 ガバナンスの失敗

悪い制度的パターン	改善策の典型例
・行政領域：政府職員を党派的なつながりをもとに採用し昇進させる。	・競争試験による公務員の採用、昇進、終身職
・司法領域：政府に密接な関係を持つ人物が法的にも優遇される（法の支配なし）。	・終身職の裁判官、資格任命制
・問題発生の際の擁護：確立された身内や大企業が法的に特別な配慮を得る（貸し借りを求める）。	・ロビイストの事前登録、前職員の再任用ルール
・キャンペーン資金：選挙資金は大口で秘密の寄付者によって、その潤沢な利益から支払われる（political capture phenomenon＝政治的捕獲現象）。	・寄付者、寄付上限、公的資金の公開
・選挙：予め定められた結果を得るために贈収賄、威圧、欺瞞によって特徴付けられる（見せかけの投票）。	・秘密投票の実施、選挙管理委員会の設置
・立法過程：議員は地元での人気を維持するために個人や団体の支持者に目を向け、公共財の提供を無視する（顧客主義）。	・市民権の拡大と、客観的な基準にもとづき広範な対象に恩恵を与えるところの非選択的な政府プログラムの強調
・投資家の権利：管理者が法人資産を不正に使用し、小規模株主を軽視する（非効率な資本市場）。	・必要条件としての財務公開、少数株主の権利、インサイダー取引の制限

資料：Arthur A. Goldsmith, "Is Governance Reform a Catalyst for Development?," *Governance: An International Journal of Policy, Administration, and Institution*, (2007), Volume20, Issue2, 168-169. を日本語訳。

内の民意と乖離した質の劣化がもたらされている。

　マゲッティらがMLG研究で唱えたところの「上向き」「下向き」「横向き」といった政府作動や政策ベクトルの方向性について、IOCはEUや国連などの国際機関とは異なる。しかし、IOCは政府が常に「上向き」に働きかけなければならない存在である。ホストタウンや聖火リレー、会場地自治体での医療確保などは、組織委や政府が「下向き」に働きかける形で地方自治体と調整作業を行う。契約の延長や広報活動など、組織委はスポンサー企業や東京五輪市場に関わる企業と「横向き」の交渉や委託調整を行う。コロナ禍における東京五輪開催の是非や可否をめぐり混沌とし混乱する課題の

類型は、「問題解決が有効でない」場合かつ「問題の派勢力が強い」場合に該当する。関係省庁会議やコロナ対策調整会議など、実質的には統治組織内での相互作用（タイプ1）と、IOC、政府、組織委、都の間での相互作用（タイプⅡ）があり、その両方が該当する。しかし今後の展開によっては、開催権限は IOC にあるとはいっても、タイプⅡに代わってタイプⅠにおける判断（たとえば、政府としては東京五輪の開催を断念するといった判断など）を示さざるを得なくなり、その場合、現政権の存続は極めて難しくなる可能性がある（代表の変更）。

　マイヤーが指摘した FIFA の構造と作動の特徴は、期間限定ではあるものの、IOC の構造と作動がそのまま当てはまるように思われる。世界における五輪ガバナンスは、利害関係者、私企業、政府・地方自治体の「階層構造とネットワーク」が混合しており、IOC は東京五輪のあらゆる局面を差配する「統制及びルール作成者」「資金調達者」「市場のゲートキーパー」という三つの複合的役割を独占している。IOC は収益の9割を IF を通じた各国・地域のスポーツ振興に充てているといわれ、「共同体利益」を提供することで同時に五輪産業の経済活動を制御している。

　メイジャーらが提示した政府規制の五つの次元を、東京五輪をめぐる規制当局（組織委、東京都、コロナ対策会議や五輪実施に関わる規制省庁など）と関連付けるならば、サイバーテロ対策やコロナ対策から交通規制やチケット不正防止に至るまで、その担い手は「高度な中枢性」を有した「技術官僚の配列」となっていて、東京五輪の技術官僚は専門家と密接に関わりながら「知識の集約化」を図っている。規制当局と利害関係者（スポンサー企業や五輪市場参入者）との情報は、「フォーマル・ルール」と暗黙の「インフォーマル・ルール」にもとづいてやり取りされる。

　規制当局と利害関係者の相互作用においても開かれたものと閉じられたものとがある（記者会見における説明と密室での意思決定）。一方で交通規制一つを取っても、それは円滑な大会運営につながり、その意味で関係者との間で「ウィン・ウィン」を築こうとするものである。東京五輪政策における技術

官僚と利害関係者とで共有する専門知識は両者の相互作用のプロセスで形成される。

　東京五輪が中止となれば、それは五輪ガバナンスの最大の失敗である。中止を回避できたとしても、五輪市場からの果実を得ることができなくなった企業、購買効果を達成できないスポンサー企業、無観客開催の場合にチケット収入が見込めなくなる組織委、組織委の赤字を補填する責任のある政府や都、また、競技施設などこれまでの巨額な投資の責任を問われる政府や都など、東京五輪ガバナンスは、ゴールドスミスが提示した「ガバナンスの失敗」となる可能性がある。その場合、これまでの開催準備に費やしてきたソフト・ハードの投資的労力に対して、「公共財の提示を無視」した「顧客主義」だとして、強い批判が政府に集中する。また、政府、組織委、都からは「問題発生の際の擁護」ないしは IOC をも巻き込んだ互いへの責任転嫁が噴出する。言い換えれば「政治的捕獲」とは全く逆の現象があらわれる。展開によっては、「管理者が法人資産を不正に使用し、小規模株主を軽視した」ところの「非効率な資本市場」を生み出した政府の責任を問う声が高まる。

5　　政府・IOC の観客ありきの姿勢（2020年11月）

　2020年11月 7 日、 8 日のプロ野球巨人戦で試験導入された四つの技術は、①スマートフォンの電波の収集（エリアや時間別の混雑状況などを分析し、密集回避対策に活用）、②球場のカメラの映像分析（人の流れを可視化し、観客の誘導や分散退場の研究に活用）、③二酸化炭素濃度の計測・比較（収容人数の上限50% 時と比較しながら、混雑や換気の状況を把握）、④スマホなどの位置情報データの分析（退場後の周辺繁華街の人口分布を把握し、交通誘導策などに生かす）、であった[6]。

　IOC のバッハ会長は、「五輪は政治ではない。IOC は、常に政治的な中立を保つ。五輪は金もうけでもない。資金は五輪の組織運営や、その舞台で輝

6　2020年10月24日付読売新聞「新技術で感染予防」。

く世界の選手への支援となる」と投稿した[7]。

　最上位のスポンサー14社はIOCと契約を結び、67社は組織委と契約を結んでいるが、国内スポンサーの協賛金の相場は1社10億〜150億円とされ、2019年12月時点では大会史上最多の計約3480億円の協賛金が集まっていた。大会の簡素化によって圧縮される見込みは約300億円で、延期によって3000億円を超える追加費用が発生するといわれた[8]。

　政府は11月12日、東京五輪に関連する選手や関係者について、新型コロナウイルス対策の行動制限を緩和し、海外から帰国後14日間以内でも試合への参加を認めることを決め、即日実施した[9]。新型コロナウイルス感染が拡大する中、政府は観光業などを支援する「Go To キャンペーン」を続ける方針を打ち出した[10]。

　菅義偉首相は11月16日、IOCのバッハ会長と官邸で会談し、開催実現に向けて緊密に協力していくことで一致した。バッハ氏は来日する選手や関係者へのワクチン接種の費用をIOCが負担する意向を表明した。バッハ氏は「安全な環境で開くために必要な道具箱は整っている」と述べた[11]。一方で日本側には、ワクチンが大会開催の前提条件との印象が広まれば、接種が実現しなかった場合、開催に向けて逆風となる恐れがあり、波紋が広がった[12]。バッハ氏が離日した11月18日から東京で報告されたコロナ感染者は2日連続で過去最多を更新した。ある大会関係者は訪日を「逆効果になった。国民との隔たり。その辺の感覚が分からないところが問題」と捉えた[13]。

　中国企業では北京五輪に向けたIOCの最高位スポンサーに、電子商取引大手アリババグループと乳業大手の中国蒙牛乳業が名を連ねていた。東京五

7　トーマス・バッハ（IOC会長）「政治的中立　五輪の使命」（2020年10月24日付読売新聞）。
8　2020年11月2日付毎日新聞「8割『追加額を重視』」。
9　2020年11月13日付朝日新聞「帰国後の試合参加　14日間内でもOK」。
10　2020年11月14日付東京新聞「経済回復と感染拡大　交差」。
11　2020年11月17日付下野新聞「東京五輪実現で一致」。
12　2020年11月19日付毎日新聞「『ワクチン推奨』が波紋」。
13　2020年11月20日付下野新聞「『一枚岩』演出　再選へ布石」。

輪が開催できなければ、感染リスクが高まる冬季の五輪開催はいっそう不透明さが増し、スポンサーが離れていく恐れもあった。一方でバッハ氏は主催者でありながら「決意を十分共有する」「我々は日本の側に立っている」と、開催を支える役回りであるかのような表現を使い、強く開催を求めているのは日本側だとの体裁を取った[14]。

　菅首相は、政権の浮沈と直結し、衆院解散・総選挙のタイミングを計る観点から、経済の立て直しの切り札として観客ありの五輪開催に強くこだわっていた[15]。日本政府は海外からの観客に対して、入国後14日間の隔離措置を免除し、公共交通機関の利用を認める案を検討していた。しかし、プロ野球での実証実験は感染予防の新技術を試すことに主眼が置かれたものであった。また、大会時の観客数が決まらなければ、検疫体制、警備やボランティアの配置、輸送、宿泊など具体的な計画を立てるのが難しくなる、との指摘があった[16]。多種多様な競技を、分散した会場で、短期間に集中的に実施する五輪を同列に論じるわけにはいかない、との声もあった[17]。

　バッハ会長は11月16日、安倍晋三前首相に五輪運動の発展への寄与をたたえる「五輪オーダー」（功労賞）の最高位にあたる「金章」を授与した。安倍氏は授与式で「（大会を）待ち望み成功させようと勇んでやまない全ての日本人に成り代わる思いで頂戴する」と語った。「（2021年は）どんなにうちひしがれても、何度でもまた立ち上がる、人間の気高さをたたえる大会になる」とも述べた[18]。

　「（1964年東京五輪を）日本は華美にやり過ぎた。オリンピックは何のためにあるのか。選手たちのためだ。2020年東京五輪はスポーツ選手を中心としたスポーツ大会にしてほしい。本質を思い起こすべきだ」（1952年ヘルシンキ五輪代表の故岡野栄太郎氏）との言葉を引用し、五輪は肥大化の道を突き進み、政

14　2020年11月17日付毎日新聞「五輪沸かず　焦る IOC」。
15　2020年11月17日付毎日新聞「菅政権　観客ありに固執」。
16　2020年11月17日付毎日新聞感染リスクの議論足りぬ」。
17　2020年11月20日付朝日新聞「会長来日　残った違和感」。
18　2020年11月17日付産経新聞「安倍前首相に『金』の五輪章」。

治や商業主義が幅を利かすようになったとの批判があった[19]。

　以上のように2020年11月は、政府がIOCのバッハ会長の来日に合わせて、プロ野球やJリーグが行った新技術を用いた感染予防の実証実験に御墨付けを与え、これを東京五輪運営に援用する姿勢を示したり、感染拡大にもかかわらず、「Go Toキャンペーン」に直結する観客の受け入れを前提としたり、選手や関係者の行動制限を緩和したりと、機運醸成に躍起となった時期であった。IOC側は前首相に功労賞を付与したり、来日する選手・関係者へのワクチン接種の費用をIOCが持つと述べたりしたが、世論とのずれを目立たせてしまう空振りに終わった。

6　追加経費とその負担をめぐって（2020年12月）

　延期前の費用分担の内訳は、組織委6030億円、都5970億円、国1500億円であったが、延期に伴う追加経費の発生を抑制するため、組織委は各国・地域の選手団数削減や会場の装飾の見直し、組織委職員の採用時期を大会直前まで遅らせて人件費を抑えるといった簡素化に取り組んだ。しかし、その額は300億円にとどまった[20]。追加経費は約2000〜3000億円と見込まれたが、この中には900億円超と試算された東京五輪絡みの新型コロナウイルス対策費や海外選手が入国する際の空港での検査、ホストタウン関連の費用は含まれていなかった[21]。

　IOCは12月1日、次期IOC会長選の立候補者はおらず、2013年就任のバッハ氏が2期目（任期は2021年8月の東京五輪開幕後から4年間）に入ることは確実となった[22]。チケットは国内で約445万枚、海外で100万枚近く販売した。外国人客は、日本側にウイルスの陰性証明書を提出して専用アプリを利

19　2020年11月27日付毎日新聞「五輪は選手のために」。
20　2020年11月29日付読売新聞「五輪追加経費2000億円」。
21　2020年11月30日付読売新聞「五輪コロナ対策900億円」。
22　2020年12月2日付読売新聞「バッハ会長　続投確実」。

表4　政府のコロナ対策調整会議の経過

第1回	9月4日	論点や検討課題を整理
第2回	9月23日	選手らの特例入国可の方針を確認
第3回	10月9日	選手村や競技会場での感染防止策、行動ルールを議論
第4回	10月27日	選手の保健衛生、医療、療養体制を議論
第5回	11月12日	観客の感染対策を議論、14日間の自主待機免除などの方針確認
第6回	12月2日	中間整理を公表

資料：2020年12月3日付下野新聞「感染増で具体策先送り」。

用すれば入国後2週間の待機は不要で、制限なく行動できるとした[23]。

　政府のコロナ対策調整会議は、これまで5回にわたって会議を重ねてきた（表4）。12月2日、政府（コロナ対策調整会議）は新型コロナウイルス対策の中間整理を公表した。中間整理は「課題を関係者間で共有しただけ」（政府関係者）であった。具体化したのは海外選手が入国する際の特例措置で、出国前72時間以内の検査の陰性証明を提出することなどを条件に通常求められる14日間の待機措置が免除された。会場で選手と関係者との距離を原則2㍍確保することや、滞在中は4～5日置きに繰り返して検査を受けることなどの大枠が示された[24]。表5は中間整理の主な内容である。

　コロナ対策費の約1000億円について、選手らの検査費や競技場内の感染防止策のコストなど大会運営に直接関わる範囲に限られた[25]。医療体制について、組織委の延長前の計画では、9都道県の43競技会場や選手村に130カ所超の医務室を設ける予定であった。各会場に医務室が設けられ、医師に常駐してもらう。観客用は収容人数1万人あたり医師2人、看護師4人を配置し、応急対応するボランティアも置くため、1万人以上の医療スタッフが必要になる計算であった[26]。

23　2020年12月2日付日本経済新聞「五輪　外国人客を大規模に」。
24　2020年12月3日付毎日新聞「五輪開催　なお霧中」。
25　2020年12月3日付毎日新聞「追加経費　膨らむ一方」。
26　2020年12月3日付朝日新聞「医療現場疲弊に危機感」。各競技会場の医療体制について、会場医療責任者（1人。以下同）。その下に選手用医務室（原則、会場ごとに1ヵ所）と観客用医務

表5　政府によるコロナ対策中間整理の内容

1．選手対応	①出国時（72時間以内）検査で陰性証明を取得。入国拒否対象国・地域の選手は到着空港で検査。原則専用車で移動 ②入国後14日間の自主待機期間を免除 ③各選手団が衛生管理責任者を選出 ④原則96-120時間（4-5日）の間隔で提起検査。2度陽性で措置対応 ⑤競技別の感染対策素案の2020年内取りまとめ。21年6月までに確定 ⑥競技後の早期帰国をルール化
2．医療機能	①組織委の「感染症対策センター（仮称）」で対応一元化 ②保健所機能を持つ「保健衛生拠点」を構築
3．感染防止策	①選手との接触には原則2㍍の距離を確保 ②3密（密閉、密集、密接）回避、常時マスク着用など日本基準で対策要請
4．観客対応	①2021年春までに上限数、海外からの受け入れ措置を判断。感染状況が安定した国・地域からの入国は自主待機措置を免除。公共交通機関での移動も原則容認。スマホ・アプリによる行動や健康の把握も検討 ②行動のガイドライン作成（入場拒否、退場措置の場合もあり）
5．聖火リレー	①2020年末までに沿道の混雑回避などの感染予防策を作成
6．ライブサイト	①「ライブサイト」（試合中継）実施予定の自治体は2020年内に計画検証
7．ホストタウン	①各自治体で対応マニュアルを作成。相手国・地域とルール順守の合意書を交わす。 ②大会前はオンラインなど非接触の交流、大会後は感染対策を講じた交流

資料：2020年12月3日付東京新聞「東京五輪　コロナ対策中間整理の主な内容」から作成。

　12月4日に、組織委会長（森喜朗）、都知事（小池百合子）、五輪相（橋本聖子）が会談し、追加費用分担の内訳が明らかとなった（表6）。政府はコロナ対策の半額以上を担うこととなった。組織委は延期に伴う損害保険500億円やスポンサーに要請している協賛金の追加拠出（260億円）などを財源に充てる方針を示した。今回の追加経費により、大会の開催費の総額は1兆6000億円を超すことになった[27]。表7は、東京五輪の経費内訳である。

　組織委は表8の大会関連経費について、「一般的な行政目的の事業は五輪も恩恵を受けるが、大会と直接関係するわけではない」と説明した[28]。「実

室（観客1万人ごとに1ヵ所）。選手用医務室には、選手用医療統括者（1）、医師（2）、看護師（2）、理学療法士（2）、その他スタッフ（4）。観客用医務室には観客用医療統括者（1）、医師（2）、看護師（4）、ファーストレスポンダー（初動救護要員）(10) と設定された（2020年12月29日付東京新聞「五輪　医療者に手当」）。
27　2020年12月5日付日本経済新聞「五輪追加経費2940億円」。

表6　東京五輪の追加費用分担の内訳

	コロナ対策費	延期に伴う費用	負担額
東京都	400億円	800億円	1200億円
大会組織委員会	—	1030億円	1030億円（＊）
政　府	560億円	150億円	710億円
合　計	960億円	1980億円	2940億円

注：＊のうち270億円は大会予算の予備費から充当。
資料：2020年12月5日付日本経済新聞「五輪追加経費2940億円」。

表7　東京五輪の経費内訳

仮設等：仮設の観客席の撤去・再配置など	3890億円（＋730億円）
オペレーション：競技用備品の保管など	1930億円（＋540億円）
輸送：大会関係車両の維持・管理など	850億円（＋130億円）
テクノロジー：大会運営システムの保管など	1210億円（＋120億円）
セキュリティー：警備用機器の保管など	920億円（＋40億円）
その他	3220億円（＋420億円）
コロナ対策（新規）	960億円
恒久施設の整備：国立競技場など	3460億円（＋0円）
合　計	1兆6440億円（＋2940億円）

注：＋は2019年12月の予算計画との比較。
資料：2020年12月20日付読売新聞「五輪経費『仮設』730億円増」。

表8　東京五輪の大会予算に含まれない主な関連予算

警察庁	・大会の警備　224億円
厚労省	・検疫強化など　207億円 ・訪日外国人の健康観察　95億円
スポーツ庁	・キャンプ地の感染症対策127億円、・メダル獲得に向けた強化103億円、・競技への医療・科学支援21億円、・国立競技場の感染症対策20億円

注：2020年度第3次補正予算案、21年度予算案で計上。
資料：2020年12月23日付東京新聞「『見えない』関連費800億円」。

際にいくら経費がかかったのか、大会後に決算が出るまでわからない」と大会関係者は口をそろえた。組織委は決算公表後に解散する。支出が適切だったのかを検証しようにも、文書管理や情報公開の制度が十分に機能するのか不透明だとの指摘があった[29]。組織委は協賛金収入について、通常7.5%のロイヤルティーをIOCに支払うことになっているが、延期決定後の契約についてはIOCに直談判し支払い免除も取り付けた。また、都が組織委では賄いきれない150億円分を負担することになった[30]。国はパラリンピックの経費など150億円を拠出することになった[31]。大会延期により、販売済みの五輪の観戦チケットの18%に当たる81万枚が払い戻しとなった[32]。

　都は、感染拡大後、医療体制の強化や、休業要請に応じた事業者への「協力金」などに2兆円近くを投じ、財政調整基金は2020年3月に9345億円あったが、1662億円まで減った。国が新型コロナウイルス対策費（960億円）の約6割を負担する一方、そのほかの追加経費（1980億円）の約4割を都が支出することで折り合った。コロナ対応で支出がかさむ都と、五輪後、海外客の受け入れをにらむ国の思惑が重なったのである[33]。コロナ対策費で国が負担するホストタウンへの補助など400億円は大会経費の枠外の関連経費扱いで、今回の追加経費には含まれていなかった[34]。

　武藤敏郎組織委事務総長は、「東京五輪ができずに、半年後の2022年2月、北京冬季五輪が成功裏に行われたら、国内の反中世論が激高して政権が持ちません。中国は全入国者の健康状態を徹底監視する恐るべきシステムを用意し、国家の威信にかけてやりますよ」と述べた。コロナ対策と経済の両立は、いつの間にか経済が五輪にすり替えられ、Go Toの掛け声に駆り立

28　2020年12月23日付東京新聞「『見えない』関連費800億円」。
29　2020年12月23日付朝日新聞「膨らむ予算　説明を」。
30　2020年12月5日付産経新聞「組織委　広がる安堵感」。
31　2020年12月5日付読売新聞「国・都・組織委　負担割合決まる」。
32　2020年12月5日付東京新聞「五輪追加負担　都最多1200億円」。
33　2020年12月5日付読売新聞「コロナ対策費　国が6割」。
34　2020年12月5日付毎日新聞「開催中止・懐疑論封じ」。

てられる、との批判があった[35]。

　IOCは12月7日、選手の入村は競技開始の5日前からとし、競技を終えてから2日後までの退去を求める指針を発表した。選手村の滞在期間の制限は、開閉会式の入場行進をめぐるIOCと組織委との調整問題を解消する一助になると見られた[36]。また、政府はホストタウン（12月2日現在、510自治体が181カ国・地域の受け入れを決定）を支援するため、新型コロナウイルス対策費を全額負担する方針を固めた。関連経費は約130億円で、スポーツ庁が2020年度第3次補正予算案に計上することになった。政府は宿泊施設の貸し切り費用や鉄道などでの移動時の感染防止費のほか、選手や選手と接触する可能性のある地元住民の検査費や検体の運搬費などを負担することとなった[37]。

　スポーツ庁は感染症対策として2020年度第3次補正予算案に857億円を計上した。政府、組織委、都の三者で合意したパラリンピックの追加経費の一部や選手の感染対策などの710億円に加え、ホストタウンや事前キャンプ地の新型コロナ対策費127億円が含まれた。国立競技場や味の素ナショナルトレーニングセンターなどの感染防止対策にも20億円を充てた[38]。東京五輪聖火リレーの概要が12月15日発表され、延期前と同じ全国859市区町村を通過することが決まった。約1万人のランナー数、121日間のリレー期間とともに延期前の枠組みが維持されることとなった[39]。

　組織委は開閉会式（制作は電通が受託）について、予算の上限を35億円増の165億円に引き上げる方向で調整に入った。延期に伴って制作物の保管費が必要となり、演出内容の見直しで転用できない企画・制作費も生じたためと説明された[40]。また、12月21日に閣議決定された政府の2021年度当初予算案で、文科省のスポーツ関連予算は20年度当初比で3億円増の354億円に上

35　伊藤智永（編集委員）「Go To コロナ五輪の怪」（2020年12月5日付毎日新聞）。

36　2020年12月9日付読売新聞「東京選手村　滞在制限」。

37　2020年12月10日付読売新聞「コロナ対策　国全額負担へ」。

38　2020年12月16日付「五輪感染対策857億円を計上」。

39　2020年12月16日付産経新聞「コロナ対策と機運醸成　両立へ」。

40　2020年12月21日本経済新聞「開閉会式予算 35億円増」。

り、過去最大を更新した。東京五輪と22年北京冬季大会に向けた競技力向上
事業費103億円（内訳は五輪81億円、パラ22億円）も過去最多となった[41]。

　12月29日、東京五輪に関連する選手や関係者の特例措置に関し、政府が新
型コロナウイルスの変異ウイルスが確認された一部の国・地域の適用を停止
する方針をJOCなどに伝えたことがわかった。期間は2021年1月末までと
された。対象国・地域から帰国する日本選手の自主待機措置の緩和もなく
なった[42]。

　以上のように2020年12月は、同年3月の延期決定以降、強く懸念されてい
た追加経費、とくにその分担をどうするかという問題が、予想に反してすん
なりと決着した点が特徴として挙げられる。組織委からすれば、IOCの了
解や協力を取り付けつつ簡素化努力をPRでき、その上で賄いきれない負担
分については都の補填を得ると同時に、本来東京五輪関連のコロナ対策を主
導すべき立場を政府が引き受ける構図が鮮明となった。スポーツ企業の追加
支援も獲得して、世論対策という点でも逆風を回避することができた。ま
た、これまでのコロナ対策で財源が枯渇に向かっていた都としても、多額の
コロナ対策費を政府が分担してくれることで、開催都市としてのメンツを保
ちつつ、政府による支えを獲得できたことになる。

　政府としては、コロナ対策調整会議の発足以来、東京五輪の行く末が政府
の対応次第となった点では、従来にない重圧を負うことにはなったものの、
Go Toキャンペーンの継続やインバウンド観光戦略、さらには政権の命運
が東京五輪の成否に掛かっており、政治・経済の両面で利用価値があると見
込んだイベントと政府パフォーマンスとの同化はもはや否定できない顕在化
現象となった。これに加えてIOCが財源措置の特例的な取り扱いや、前首
相への勲章付与やIOC会長の世論操作とも取れる美辞麗句など、陰に日向
に政府、組織委、都に対する持ち上げパフォーマンスが際立った時期であっ
た。一方でコロナ感染拡大には歯止めがかからず、変異株の脅威なども加わ

41　2020年12月22日付読売新聞「スポーツ予算　最大354億円」。
42　2020年12月30日付毎日新聞「五輪の入国特例　変異確認地除外」。

り、政府の前のめりの姿勢と冷めた世論との対照が明らかになってきた時期
でもあった。追加経費をできるだけ少なく見せようとする姿勢は従来とは変
わらず、「関連」の名のもとで、大会経費の全体像が見えないまま、それで
も経費膨張傾向は隠しようがなかった。説明責任の欠如という矛盾点を付く
複数の批判があった。

7　異論の続出（2021年1月）

　バッハ IOC 会長は、日本が「コロナ禍と向き合う世界の範」となるとの
考えを示し、「人々がその価値を信じ、ともに努力を続ければ、長いトンネ
ルの先に希望の光を灯すことができる」と述べた[43]。「日本だからこそ開催
できた」と後世の指針になるような足跡を残すべく、日本の総力を挙げて開
催準備を進めたい、との見解があった[44]。政府が観客にこだわるのはインバ
ウンド（訪日観光客）による巨額の経済効果を期待するからだ。観客数を抑え
ればリスクと負担は軽減される。国際スポーツ界も選手を周囲と隔離するな
ど感染対策の知見を蓄えてきた。IT（情報技術）を駆使し、オンラインで臨
場感のある映像を拡散する手法も進化した、との指摘があった[45]。

　共同通信社の全国電話世論調査で、延期された東京五輪の今夏開催を求め
る人の割合は14.1% にとどまった。前回調査（2020年12月）では、開催
31.6%、再延期32.2%、中止29.0% で三分していた。一方、再延期は44.8% に
上った[46]。菅義偉首相は、 1 月18日の施政方針演説で、「夏の東京オリン
ピック・パラリンピックは、人類が新型コロナウイルスに打ち勝った証しと
して、また、東日本大震災からの復興を世界に発信する機会としたいと思い
ます。感染対策を万全なものとし、世界中に希望と勇気をお届けできる大会

43　2021年 1 月 6 日付読売新聞「世界の結束　五輪で示す」。
44　2021年 1 月 6 日付産経新聞「今こそ『聖火灯す』覚悟を」。
45　藤野智成（東京運動部デス）（「観客数抑えてリスク減」（2021年 1 月 8 日付毎日新聞）。
46　2021年 1 月11日付下野新聞「五輪　世論冷え込み」。

を実現するとの決意の下、準備を進めてまいります」と述べた[47]。

　東京五輪の観客数の上限を巡り、政府や組織委などが「フルスタジアム」「50%」「無観客」の3つのシナリオを想定していることが1月21日、わかった。IOCから複数のケースを検討するよう要請があったという。緊急宣言の対象地域では「参加人数を上限5000人、定員で50%以内」と改めて規制を強めていた[48]。衆参両院は1月21日の本会議で、首相は、「コロナ克服に全力を尽くし、万全な対策を検討する」と強調し、「アスリートも含めて感染症対策をしっかり行うことで、ワクチンを前提としなくても安全・安心な大会を開催できるよう準備を進める」と答弁した[49]。

　聖火リレーをめぐり、各都道府県でリレーの実施時期に緊急事態宣言が発令されている場合には、公道でのランナーの走行は見合わせ、イベント会場に聖火を持ち込んで無観客の式典のみを行う代替案を組織委が検討していることが1月22日、わかった[50]。また、政府内で、東京五輪・パラリンピックを無観客で開催する案が選択肢として浮上していることが同日、わかった[51]。IOCのバッハ会長は1月22日、メッセージ動画を公開し「（感染）状況への対処で必要な手段を、適切な時期に決める。それは観客の問題にも及ぶ。何人か、観客は入れられるのか」と述べた。無観客開催も選択肢になりうるとした[52]。森喜朗組織委会長（当時）は1月28日、無観客での開催も含めて検討していることを明らかにした。「いろんな形を考えて想定している。基本的にはそうしたくないが、それ（無観客）も考えないとシミュレーションにならない」と語った[53]。

47　20021年1月19日付朝日新聞「第204回通常国会　施政方針演説」。
48　2021年1月22日付日本経済新聞「五輪、無観客含む3案」。
49　2021年1月22日付下野新聞「首相表明　ワクチン3億1000万回確保」。
50　2021年1月23日付下野新聞「緊急宣言時は走行中止」。聖火リレーの内容は、3月25日、福島県のサッカー施設「Jヴィレッジ」をスタートし、国立競技場で開会式が行われる7月23日までが期間で、47都道府県（859市区町村）を121日間かけて回るというものであった（2021年1月23日付読売新聞「聖火リレー　走行中止も」）。
51　2021年1月23日付東京新聞「政府に無観客開催案」。
52　2021年1月24日付産経新聞「IOC会長　無観客も選択肢」。

　バッハIOC会長は1月27日、オンライン形式の理事会後に記者会見し、東京五輪で義務化はしない形で、日本選手にも新型コロナウイルスのワクチン接種を推奨する考えを示した。訪日前の各国選手や関係者に接種を促す方針を前日に発表していた。また、IOCのマコネル競技部長は、2020年3月の五輪延期決定時で約1万1000人のうち57%だった出場枠の確定が61%になったと明らかにした。残り4割のうち、約15%は柔道やテニス、ゴルフなど世界ランキングで決まり、残る約25%が五輪予選で争われると説明した[54]。

　菅義偉首相は1月29日、世界経済フォーラム（WEF）が開いたオンライン会合「ダボス・アジェンダ」に参加し、「世界の団結の象徴として、世界中に希望と勇気をお届けできる大会を実現する決意だ」と述べた。首相は「日本はこの夏、開催します」と断言し、「人類が新型コロナに打ち勝った証し」との決まり文句に「団結」や「希望」との表現を加え、開催への強い意欲を示した[55]。

　2月2日、政府が緊急事態宣言を3月7日まで延長することを決定した同日、組織委の森喜朗会長は自民党本部で開かれた党スポーツ立国調査会などの合同会議に出席し、「新型コロナウイルスがどうであろうと、必ずやり抜く」と発言した[56]。一方で、もはや東京五輪を「やれる根拠」を探す方が難しいのではないかとの声[57]や、開催中止の可能性に言及する声[58]が挙がった。米ブルームバーグ通信（電子版）は、①ワクチン接種が始まっても感染が猛威を振るっている、②緊急事態宣言が出た日本での感染率が依然として高い、③世論調査での開催支持率の低下、の3点を理由に「安全に開催できるか疑問」とした[59]。

53　2021年1月29日付東京新聞「東京五輪　無観客に言及」。
54　2021年1月29日付下野新聞「日本選手にも接種推奨」。
55　2021年1月30日付朝日新聞「首相、五輪開催を強調」。
56　2021年2月3日付読売新聞「五輪『必ずやり抜く』」。
57　2021年1月13日付東京新聞「東京五輪『やれる』根拠あるのか」。
58　2021年1月17日付毎日新聞「『東京五輪中止も』」。

　政府関係者は、「『無観客ならできる』と早く言うべきだ。IOCがどう動くかは分からないが、日本側として無観客というカードは早く切らざるを得ないのではないか」と述べた。2020年と似た展開になりつつあり、別の政府関係者は「無観客開催を打ち出さないまでも、まずは『海外客を受け入れない』と踏み込めば、世論対策になるのではないか」と指摘した[60]。

　IOCで最古参のディック・バウンド委員（カナダ）が1月20日、共同通信のインタビューに応じ東京五輪について「IOCに中止するつもりはない。開催できない理由はない」と述べた。世界的な感染拡大が収束しない場合は、中止よりも無観客での開催が妥当との考えを示した[61]。

　参加する206の国内オリンピック委員会（NOC）に練習環境や準備状況、ワクチンに関するアンケートを取り、五大陸で何カ国以上が参加できる状態かを確認する。選手選考が終了できない競技は、現在のランキングや直近の世界大会の成績に準ずるなどの合意も欠かせない。医療提供体制に支障がないことが大前提とした上で、「ステージ3」は中止、「ステージ2」なら無観客、「ステージ1」で一定数の観客を入れるといった開催条件を提示してはどうか、との提案があった[62]。

　オーストラリア・オリンピック委員会（AOC）は1月22日、東京五輪に、予定通り選手団を派遣する意向を表明した。カナダ・オリンピック委員会（COC）のシューメーカー最高経営責任者（CEO）は「カナダ五輪委は大会の安全な開催が可能と自信を持っている」と声明を出した[63]。

　2020年9月に政府主導で立ち上げたコロナ対策調整会議は計6度開かれ、そのつど議論の中身が公表された。規模の違いはあれ、スポーツ大会は各地で行われている。積み重ねた知見をフル活用すれば、何らかの形で開催は可能だとの見解があった[64]。大会の1年延期を強いた新型コロナウイルス禍

59　2021年1月17日付下野新聞「東京五輪『中止の可能性』」。
60　2021年1月20日付毎日新聞「開催可否　迫る期限」。
61　2021年1月22日付東京新聞「国内客に限定も選択肢」。
62　森合正範「開催基準　明確な指標を」（2021年1月22日付東京新聞）。
63　2021年1月23日付産経新聞「豪　五輪に選手派遣表明」。

は、国内で収束の気配が見えず、変異種の世界的な広がりも人々の不安をあおっている。開催可否をめぐり悲観論や憶測も飛び交っているが、組織委と都は惑わされてはならない。IOCのバッハ会長は「7月に開幕しないと信じる理由は、現段階で何もない。だからプランB（代替案）もない」と述べ、中止や再延期を否定した。この姿勢を支持したいとの見解が示された[65]。

　IOCが東京開催にこだわるのは、強い危機感の裏返しである。ロシアの組織的なドーピング不正、リオデジャネイロ、東京五輪に絡む招致不正疑惑で五輪ブランドの輝きは失われた。商業化で大きく膨らんだ開催経費は14年ソチ冬季五輪で史上最多の5兆円に達した。五輪招致に名乗りを上げる都市は激減した。バッハ氏は五輪の権威を取り戻す方策として、国連との連携を強めてきた。15年に欧州で難民危機が深刻化すると、16年リオ五輪では難民選手団を初結成した。18年平昌冬季五輪では出場枠のなかった北朝鮮に特例参加を認め、アイスホッケー女子で韓国との合同チームを実現させて南北融和を演出した。新型コロナの難局を乗り越えて東京五輪を成功させることもその延長上にある、との分析があった[66]。

　米放送大手NBCユニバーサルはIOCと2014年ソチ冬季五輪から32年夏季五輪までの放映権料として、総額約120億3000万㌦（約1兆2459億円）の契約を結んでおり、その意向はIOCも配慮せざるを得ないからである、との指摘があった[67]。

　通常開催なら暑さ対策を含め期間中に1万人以上の医師、看護師が必要で、無観客でもコロナ対策が加わる。国内のワクチン接種と大会の時期が重なる可能性は高く、また、選手以外に来日するIOCや国際競技連盟、メディア関係者らの感染対策も不可欠であり、国民の理解は得られるのか、と

64　2021年1月23日付産経新聞「あと半年　揺れる五輪」。
65　2021年1月23日付産経新聞「憶測に惑わされず準備を」。
66　2021年1月23日付毎日新聞「IOC　透ける保身」。
67　2021年1月23日付毎日新聞「米新政権、風向き左右」。

の疑問の声が挙がった[68]。一方、2020年7月に制限付きで観客動員を再開したプロ野球は2020年リーグ戦に約482万人、Jリーグ（J1〜J3）は約339万人が観戦した。いずれも判明した観客の新型コロナ感染は数人にとどまり、クラスター（感染者集団）は起きていない。世界に先駆けてノウハウを積み上げてきた安全対策は、大会実現へのヒントとなりうる、との見方があった[69]。

　米紙ウォールストリートジャーナ（電子版）は1月27日、東京五輪組織委員会の理事の一人（広告大手電通の元専務）が、米国内で放送権を持つNBCを含めて開催に賛同させることが最重要とし、「IOCとバッハ会長は決断を下すことができない。彼らはそのレベルのリーダーシップを持っていない」との発言を伝えた[70]。一方、米国五輪委員会（USOPC）のディービッド・ハガティ理事は、選手団の派遣は可能だと強調した。IOC委員でもあるハガティ氏は「五輪はテレビでも最も広く視聴されているスポーツイベントの一つ」とも指摘した。ロムニー上院議員（2002年ソルトレークシティー冬季五輪組織委員会会長）も、ツイッターで、「観客を制限すればいい。われわれのほとんどはテレビで観戦する」と主張した[71]。

　現代五輪は、米国のテレビが払う放映権料、米国の世界企業が出すスポンサー料で動いている。放映権料は数大会分ずつの契約で、中止なら支払い義務はない。負担は日本の数百億円（NHKと民放で折半）に対し、米国は1ケタ違う数千億円である。だから大会の時期も、競技時間帯も米国優先で決まる。選手団、メダル数、スポンサー企業も米国が断然多く、各国の五輪委へ流れる協賛金の50%は米国が取る。現実を見れば東京大会は中止が自然であるとの分析があった[72]。

　以上のように、2021年1月は政府が、五輪競技施設が集中する4都県などを対象に、緊急事態宣言を出さざるを得なくなり、その前年9月以降、一見

68　北川和徳（編集委員）「無観客なら開催は可能か」（2021年1月27日付日本経済新聞）。
69　2021年1月28日付日本経済新聞「感染防ぐ知見　積み重ね」。
70　2021年1月28日付下野新聞「五輪開催は『米国次第』」。
71　2021年1月30日付東京新聞「『無観客でも五輪・パラを』」。
72　山田孝男（特別編集委員）「商業化五輪の転機」（2021年2月1日付毎日新聞）。

順調に進んでいるかに見えたコロナ対策調整会議が、その勢いを止められてしまう時期となった。そして、IOC や組織委によって検討対象とすらならなかった無観客開催も選択肢として挙げざるを得なくなった。それでも、IOC は中止や再延期を強く否定し、ワクチン接種の便宜を図る方針を掲げ、「五輪オーダー」なるものまで前首相に付与し、開催は揺るがないとのスタンスを取り続けた。組織会長の「新型コロナウイルスがどうであろうと、必ずやり抜く」との発言は、裏返せば開催準備が順調に進まないことのいらだちと危機感の現れであった。

　この時期に首相は、「コロナに打ち勝った証し」「東日本大震災からの復興を世界に発信する機会」といった従来からの発言を継続したものの、「世界の団結の象徴」や「安全・安心な大会」といったこれまでにはなかった表現を盛り込むようになり、この時期を転機としてとくに「安全・安心な大会」を繰り返すようになった。米国政府や五輪委員会の支持も得つつ、こうした政府、組織委、IOC、都の開催ありきの基本姿勢とは対照的に、世論の東京五輪に向ける懐疑のまなざしは日に日に強くなっていった。懐疑論に「惑わされてはならない」との指摘もある一方、メディア、識者、関係者の間でも、開催を疑問視し、開催の根拠や説明が十分ではないといった批判・異論が続出するようになった。医療関係者からは、無観客であっても選手・関係者に医療対応するのは困難との見方すら出された。

8　東京五輪破綻の前兆か

　都はこの時期、リソース（財源）不足から来る政治的な戦略意図からか、背後に隠れるようにしてパフォーマンスや影響力を発揮することはなかった。さらに IOC の下請け機関と揶揄されることもある組織委は、内部調整の実際ではともかく、IOC の意思に反する行動を取ることはできなかった。そこで、2020年11月、12月、21年1月の3カ月間における主要アクターの相互作動の特徴を政府と IOC の関係に絞って以下の三点から把握し直す

こととする。

　第1に、この3カ月間は政府とIOCの一体化現象がさらに深まった時期となった。それは東京五輪開催で政府が得られるはずであった政治・経済的利得とIOCのそれとが大枠で一致したからである。その裏返しとして、仮に中止となった場合には両者とも多大な政治・経済的な不利益を被るため、それだけは避けたいという利害の一致を見たからである。無観客となった場合の痛手には、放映権料の点でいえば、政府が被る痛手の方が大きく、両者の足並みが揃えにくくなる要素もあった。政府としては無観客も避けたい。しかし中止絶対回避のもとで、最後の選択肢として無観客を残さざるを得なくなったことが、この時期に浮き彫りとなった。

　第2に、一方で政府とIOCの足並みの乱れが目立った時期でもあった。選手のワクチン接種を必須とはしない政府の姿勢とワクチン接種を開催の決め手と見なすIOCとの温度差やちぐはぐさが明白になった。どちらも「アスリート・ファースト」が眼中にあるとは言い難い一方的な言い分である。同時に結局、東京五輪は政府やIOCのためにやるという利得まい進ぶりが露呈された時期であった。

　第3に、2020年3月に前首相が1年間の延期を政治決断し、そのことでさらに深まった政府とIOCの相思相愛関係が強固であり続けている事実が、IOC会長による美辞麗句発言からだけではなく、前首相当人の発言によっても確認された時期であった。2020年11月のIOC会長来日時の「五輪オーダー」授与式で、前首相は「（大会を）待ち望み成功させようと勇んでやまない全ての日本人に成り代わる思いで頂戴する」と語った。この妄言のような言葉の発信者の意図が、「全ての日本人」が一定割合の日本人を指しているのか、あるいは言葉どおり全ての日本人を指しているのか定かでない。しかし、後者だとしても「勇んでやまない」も含め、このような物の言い様は、主要アクターの周縁に位置するメディアや世論など異論が続出したと同時に賛同、懐疑、批判といったメディア間の見解の違いが顕著になり始めた時期において、混乱状況を招いた人物の言葉として、妄言そのものではないだろ

うか。

　政治と IOC の密着ぶりが最も強まった大会として東京五輪が位置づけられ、そのことが吉と出るか凶と出るのか、成功するのか失敗するのか、あるいはその解釈自体が分かれるのか。この時期は東京五輪をめぐる瀬戸際状況が発出された 3 カ月と捉えることができる。

第2章　東京五輪組織運営の危機

1　開催をめぐる組織と運営の危機

　2020年東京オリンピック・パラリンピック大会（東京五輪）をめぐり、主要アクターである政府（国）、大会組織委員会、東京都、IOC（国際オリンピック委員会）は表層的には一枚岩で開催ありきの前提を維持している。しかし、2021年の2月と3月において、組織委自体とその運営をめぐり二つの危機が生じた。一つは組織委会長が女性蔑視発言により辞任し、国外からの信頼を損ね、また一時的に機能停止状態になったことであり、もう一つは、海外からの観戦客の受け入れを断念したことである。組織委会長の辞任は、その発言が単に五輪憲章の精神に反したというだけでなく、日本社会における男女共同参画やジェンダー問題への対応が、実質的に見せかけのレベルにとどまっており、さまざまな領域で課題が山積していることを国内外に晒してしまった。そして、海外からの観客受け入れの断念は、チケット収入減という一定割合の財源獲得が見込めなくなった以上に、世界中の多様な人々との交流を通じた価値の共有といった五輪レガシーを失ったことが大きな打撃であった。

　本稿の前半では五つの文献から、危機・災害管理における行政の役割、その際の政府の対応、公共サービスと市場サービスの交錯、民間エージェンシーの限界、政策成否判断の指標知見内容を紹介する。そして、各々の知見が、東京五輪研究における重要な視点を提供していることを示す。後半ではコロナ禍において東京五輪をめぐる各論レベルの二つの危機が生じた2021年2月、3月の2カ月間に注目し、三つの期間（新聞報載の日付にもとづき、2

月1日‐2月15日、2月16日‐2月28日、3月1日‐3月31日に分けた）における展開を時系列で追う。組織委会長が辞任に至る経緯と新会長選出をめぐり表出した諸課題を整理・把握する。また、海外からの観客受け入れ断念に追い込まれるに至った背景と状況、さらにはこの対応措置が意味する損失についても考察する。

2　危機・災害管理と行政

　アルジェン・ボイン（Arjen Boin）らは、世界的な危機・災害管理における行政の役割に注目し、以下の二つの観点を提示した。第1に、「新たな脅威エージェント（new threat agents）」の台頭である。3Dプリンター、AI、DNA工学など予測・想定できない脅威を生み出している。急速な政治展開（たとえば、アジアや中東における権力シフトなど）や気候変動の影響は脅威環境を変化させた。こうした展開はナショナルそしてトランスナショナルな政治に影響を及ぼしている行政に対しては、特定の危機を統御する政治・行政の実現可能性をめぐる喫緊の課題を突き付ける。

　第2に、国境を超越した危機や災害に直面している。危機は容易に地理的・政策的境界を超え（火山灰危機、難民危機、財政破綻、テロなど）、国内や政策セクターにおける官僚的境界内では治まり切れない。サイバー脅威は、従来の境界が危機類型には入らない類のものである。危機事例の分析は、行政アクターや政治指導者が危機や災害のダイナミズムに対処することが困難になっていることを前提にしている。異なるセクターに属する組織が、個々にまた集団的に、リスクの出現を監視し、共同成果に今一歩届かない点について研究する術を知らない。いかに危機管理や危機制御が多層のガバナンスレベルの状況において調整されるかについて知る必要がある[1]。

1　Arjen Boin and Martin Lodge, "Designing Resilient Institutions for Transboundary Crisis Management: A Time for Public Administration," *Public Administration*, (2016), Volume94, Issue 2, 290-291.

　ポール・ト・ハート（Paul't Hart）は、東日本大震災に直面した日本政府の危機管理研究において、危機の三つの類型を提示した。行政や企業の領域において、エネルギー政策、金融、都市計画、気候変動緩和政策、公衆衛生政策、食糧規制、経済的・民族的・宗教的相違、その他、大きな混乱による社会的中断など、壊滅的な失敗に直面せざるを得ない。

　第1に、セキュリティ危機は、安全危機よりも高いレベルの脅威と侵害をもたらし、政策の過剰反応リスクを生み出す。セキュリティ危機は戦争に踏み出す政治的決定に至ることがある。対照的に、危機の源が自然、人的エラー、制度的エラーにある安全危機の場合、何が緊急事態を招き、どのような政策対応がなされるべきかについて、より不明瞭かつ不調和が存在することになる。その結果、安全危機における政治の説明責任や学習は、正確で現状を踏まえた応答につなげようと、ある種の均衡と抑制に向かう傾向にある。第2に、パラダイムを打ち砕くような危機（Paradigm-shattering crises）は、パラダイムを正当化する危機よりも、容易に主要な政策の変更をもたらす。この危機は、関係組織内あるいは政策セクター内での支配的な連携（the dominant coalition）を揺るがす重大な緊急事態である。これは部分的には、政策の立案者や管理者が、そのようなことは起こらないと信じるがゆえに生じる。制度的な盲点が起こりそうな事態を実際には生じさせてしまう。第3に、非難の余地のない危機（blameless crises）は、非難だらけの危機（shameful crises）よりも、政治的な被害を生み出さないし、政策変更がより現状に沿った応答となる。後者の場合、関係組織内、関係規制当局内、そして政治エリートが有するリスク管理や危機予防の責任体系内での犯人捜しが始まる。そしてメディアの争い、政治の争い、法的な争いが生じる[2]。

2　Paul't Hart, "After Fukushima: Reflections on Risk and Institutional Learning in an Era of Mega-Crises," *Public Administration*, (2013), Volume91, Issue1, 101-113.

3　公共セクターと企業

　グレイム・カリー（Graeme Currie）らは、英国の公共部門改革プログラム
を対象とした研究の中で、公共部門（公的セクター）が、ホスピタリティ・セ
クターや金融セクターといった分野に見られる「サービス業界スタンダード
（service industry standards）」に沿って自らを方向付ける傾向を指摘する。こ
こで求められる新しい要件は、企業マネジメントがあらゆる公的サービスに
おいて国民の期待、サービスの拡充、質および財源の管理、すなわち「聖な
る三位一体（holy trinity）」を実現する手段という認識である。この認識は市
場化、消費者による選択の取り囲み、私的セクターによる多大な関与、パ
フォーマンス広報によって深まる。結果として、公的セクターにおける企業
行動には、「金銭に見合った価値」（value for money）が反映し始める。また、
サービス執行の広範なガバナンスの関係での公的セクターにおけるリスク概
念がある。とくに公的セクターでは、国民、メディア、政府の失敗に不寛容
である。そのことが公的セクターをして、リスクを積極的に抑制するスタン
スを生み出す。リスクに向き合う商業セクターと公的セクターには相違があ
る一方で、公的セクターが企業家と絡む市場では、両者のリスク性向の違い
はほとんどなくなる。企業行為と絡む公的セクターの役割は表1のように整
理される。

　上記行為者間の関係について、まず政治行為者と企業行為者の関係では、
政治行為者は市場機会を識別することが可能で、それはしばしば広範な政策
の方向性によって引き起こされ、それは関係組織や内的リソースの最大限の
活用を通じて展開が可能となる。利害関係行為者と政治行為者との間では、
利害関係行為者は内部的な組織構成体と外部的な政治状況の両方を認識する
ことで市場機会につながる道に誘導することが可能である。企業行為者と利
害関係行為者との間では、市場機会を実行に移すために、リソースを活用し
操作することができる。これには関係の利害関係者を理解し管理する能力が

表1　企業行為と絡む公的セクターの役割

行為者	行為能力
政治行為者	利益を得る機会が出現する市場環境を形作る政治状況の価値評価と予測。これは市場における重大な変化や動揺が存在する場合に顕著となる。
利害関係行為者	広範な同意を得るために様々な組織プロセスを伴った形で、内外の一連の利害関係者を誘導する能力
企業行為者	革新的なアイデアを企業意向による組織的利益へと転換させるために関係者を支援し、動機付けを行い、誘導し、権限を付与することによって、機会を個々に識別し利用する能力

資料：Graeme Currie, Mike Humphreys, Deniz Ucbasaran, Steve McManus, "Entrepreneurial Leadership in the English Public Sector: Paradox or Possibility?," *Public Administration*, (2008), Volume86, Issue4, 1005. から作成。

要求される[3]。

4　ルール作成権限、民間権威の委任除去

　アーナウト・ジーラート（Arnout Geeraert）らは、アンチ・ドーピング・ガバナンスなどの考察において、以下のように指摘した。すなわち、グローバルレベルでは、ルールを作成する権限は、IF と IOC にある。前者は個々のスポーツ競技において、スポーツ団体や競技者が従わなければならないルールを設定する。後者は、国際スポーツガバナンスにおいて、五輪を統制する集約組織として、その役割が固められている。両者にはグローバルルールの設定者（global rule-setters）としての資格が付与されているのである。両者は、政府による暗黙もしくは明示的な承認を受けるという特権を得ているがゆえに、当該領域において他組織との争いの余地のない、「集約統制機関（focal regulatory institutions）」なのである。

3　Graeme Currie, Mike Humphreys, Deniz Ucbasaran, Steve McManus, "Entrepreneurial Leadership in the English Public Sector: Paradox or Possibility?," *Public Administration*, (2008), Volume86, Issue4, 987-1008.

　また、ジラートらは、民間権威の委任除去（de-delegation of private authority）に向けた五つのステップモデルを設定した。第1は、民間エージェントの行動が公的主導者の優先価値（the public principals' preferences）から逸脱する段階である。第2は、公的主導者が過度なエージェンシー・コストを民間エージェントの制度的属性の欠陥に由来すると考える段階である。第3は、民間エージェントがその制度的欠陥を適切な時期に目に見える形で修正しない段階である。第4は、実行可能な委任除去による解決が提案される段階である。第5は、拒否権を有するすべてのプレーヤーを含む公的主導者グループが委任除去提案を受け入れる段階である[4]。

5　政策の成功次元と評価の観点

　デビッド・マーシュ（David Marsh）ら[5]は、政策の成功次元について、プロセス・プログラム・政治性を縦軸に、指標とエビデンスを横軸とした、表2のような枠組みを提示した。

　政治的な成功は政策成功の最後のベンチマークである。とくに政府と政権党の観点からいえば、仮に選挙の見通しや評価を明るいものとし、もしくは当該ガバナンス・プロジェクトの全体評価を上げるならば、当該政策は成功したといえる。そうなると追加の財源を必要としないで新たなプログラムを生み出すといった「ご祝儀政策（a token policy）」と関わってくる。政策成功は低い人気の政権党や政府を救う。あるいは世論調査での支持率の押し上げに役立つ。表3は政策の成功を評価する上での七つの観点である。

4　Arnout Geeraert and Edith Drieskens, "The Dynamics of De-delegation: A Principal-Agent Explanation of the Reversal of Private Authority in International Sport Governance," *Public Administration*, (2021), Volume99, Issue1, 157-158.

5　David Marsh and Allan M Connellc, "Towards a Framework for Establishing Policy Success," *Public Administration*, (2010), Volume88, Issue2, 571-580.

表2　政策の成功次元

次　元	指　標	エビデンス
プロセス	・選択肢の形成における正当性：民主主義、執行、説明責任における合憲・準合憲的な手続と価値にもとづくもの ・法律の通過：当該法律案の修正の有無 ・政治的持続可能性：当該政策は十分な連立的支援を得たのか ・革新と影響力：当該政策は新しいアイデアもしくは政策手段に基づいたものであったのか。あるいは他からの政策適用を含むもの（政策の移転・拡散）があったのか	・立法記録、議事録、オンブズマンの関与など法律・法律手続の瑕疵がないこと、利害関係者から重大な批判がないこと ・修正動議や立法採決を含む立法記録にもとづく立法過程の分析 ・閣僚、利害関係者、とくに利益団体、メディア、世論の支持についての分析 ・白書・緑書などの政府声明や政府報告、学術・実務家会議、利益団体報告、シンクタンク報告、メディアニュース・解説、政治家や公務員との関わりを通じた管轄横断的な形式・内容における司法・立法の共通認識
プログラム	・執行：目標に沿って実施されたか ・成果：所期の成果に達したか ・リソース：効率的にリソースを使用したか ・アクター・利害：政策及びその実施が特定の階層、利益団体、連盟、政党、ジェンダー、人種、宗教、領域コミュニティ、制度、イデオロギーに利益を与えたか	・内部プログラム・政策評価、外部評価（立法委員会報告、監査報告）、利害関係者による審査、専門誌を含むメディアによる批判的な報告がないこと ・内部効率評価、外部監査報告・評価、メディアによる批判的な報告がないこと ・政党スピーチとプレスリリース、立法討議、立法委員会報告、大臣ブリーフィング、利益団体・利害関係者スピーチ、プレスリリース、報告、シンクタンク報告、メディア解説
政治性	政府の人気：当該政策は政治的に人気があるか。政権の再選や選挙の追い風となるか。信頼性の確保や押し上げに役立つのか	世論調査、特定の政策と政府の人気・選挙結果・メディア解説

資料：David Marsh and Allan M Connellc, "Towards a Framework for Establishing Policy Success," *Public Administration,* (2010), Volume88, Issue2, 571. から作成。

6　　東京五輪をめぐる政策成否の観点

　ボインらが上記論文の中で指摘した「新たな脅威エージェント」について、たとえばGAFAMに代表されるITやSNS業界が想起される。しかし、東京五輪の場合はとくに、「ナショナル、トランスナショナルな政治に

表 3　政策の成功評価の観点

1．政策の成功形態	何が成功もしくは成功形態として評価されるのか。プロセス、プログラム、政治性のどれが評価されるのか
2．時間枠	評価対象期間は短期的、中期的、長期的のどれか
3．利害関係	誰の利害が評価されるのか。ターゲット集団利害関係者、関係機関、利益団体、個々人、集団のどれなのか
4．評価対象のポイント	成功を判断する基準は何か。当初の意図と比べてか、効率性や有効性といった政策分野の水準と比べてか、過去と比べてか、倫理もしくは道義的原則と比べてか、他の管轄領域の水準と比べてか
5．情報	成功を評価するのに十分かつ信頼できる情報はあるのか
6．政策の分離性	どの程度の確実性や信頼性でもって、他の政策やメディアの影響から切り離した上で、当該政策の影響を評価できるのか
7．摩擦と不明瞭	摩擦や不明瞭といった要素にどの程度の重要性を置くのか。成功を総合的に判断する場合、以下のような要素にどの程度の重きを置くのか －プロセスの成功 vs. プログラムの成功 vs. 政治的成功 －短期的 vs. 長期的 －利益享受 vs. 利益喪失 －一つの評価対象 vs. 他の評価対象。例えば道義的原則 vs. 声明 －情報の利用 vs. 情報の喪失 －分離された政策効果の確実性 vs. 分離できない政策効果の不確実性 －一つのフォーマルな目的 vs. 他のフォーマルな目的 －一つのインフォーマルな目的 vs. 他のインフォーマルな目的 －一つのフォーマルな目的 vs. 他のインフォーマルな目的 －意図しない結果 vs. 現実の意図された結果 －予測可能な衝撃 vs. 予測不可能な衝撃

資料：David Marsh and Allan M Connellc, "Towards a Framework for Establishing Policy Success," *Public Administration*, (2010), Volume88, Issue2, 580. から作成。

影響を及ぼす」という点で、IOC のスポンサー企業や放映権者が挙げられる。アメリカの NBC が持つ発言力の強さと多大な影響力は、IOC の意思決定すら左右するだけでなく、コロナ禍での東京五輪開催という「特定の危機の制御」を担う役回りの政府を迷走させる。国境を越えるコロナ危機は、政府、組織委、都という東京五輪の「政策セクター」だけでは制御不能に陥る。サイバー脅威についても同様であろう。東京五輪の開催には、国内・国外の「多層のガバナンスレベル」における危機管理や危機制御のあり方が問われる。

　東日本大震災の際の政府による危機管理に注目したハートの指摘を、コロナ禍での東京五輪の危機管理に重ねて考えてみたい。確かに、戦争に至る可能性があるセキュリティ危機は、コロナ禍の出現で前面に掲げざるを得なくなった東京五輪をめぐる「安全・安心」な大会（安全危機）よりも、危機の「脅威と侵害」は高いレベルにある。しかし、近代五輪史上初の延期となった東京五輪が、ここに来て開催の可否すら混沌としてきた混乱状況を考えると、今や東京五輪のセキュリティ危機と安全危機は同レベルに達している。過去の戦争による開催中止を除けば、歴史的にもまさに五輪という「パラダイムを打ち砕くような危機」に直面している。この重大危機が、これまで数々の摩擦や不協和音を経ながらも、どうにか保たれてきた政府、組織委、都、IOCという東京五輪共同体（東京五輪政策セクター）内の連携を揺るがす事態をもたらすのではないか。さらに、東京五輪は「犯人捜し」や「メディア・政治・法律の争い」の中で、政治責任を問われる「非難だらけの危機」に直面する可能性すらある。

　カリーらが指摘した、公共的な価値の実現を掲げる東京五輪における「サービス業界スタンダード」において、五輪市場に参入した私的セクター（企業）に求められた「国民の期待、サービスの拡充、質および財源の管理という『聖なる三位一体』」は雲散霧消してしまった。東京五輪に関わる企業行動の特性のはずであった「市場重視、生産重視、金銭に見合った価値のサービス」を発揮する余地もなくなってしまった。「リスク性向」は一致するどころか、開催批判など、リスクに向き合う商業セクターと公的セクター（政府）の相違は今後さらに顕在化してくるのではないか。本来であれば、政治、利害関係者、企業の三つの行為の相互活用を通じて、各々に恩恵（たとえば政治においては支持率の上昇、利害関係者において所属組織の地位・知名度の向上、企業において利潤の獲得と知名度や上昇）をもたらしたはずの果実が得られない「失敗」に直面している。

　新型コロナウイルス感染拡大の収束の気配が見えない中、菅義偉首相が繰り返す東京五輪の開催権はIOCにあるとの責任回避発言は、開催の可否と

いう究極の「グローバルルール」がIOCにあり、政府がIOCの振る舞いに対して、ジラートらが指摘した「暗黙もしくは明示的な承認」を与えている典型例である。その意味でもIOCは東京五輪の「集約統制機関」である。

　また、聖火リレーの公道走行の中止や閉鎖された競技場での式典の実施は、広告宣伝行為を肝とするスポンサー企業の「民間権威の委任除去」の事例であろう。組織委と地方自治体が、そのままでは感染防止という公的「優先価値」が「民間エージェント」によって逸脱されてしまうとの判断に至ったからである。政府や都は放映権料の高騰を制度的欠陥と見なしている可能性があるものの、IOCという「集約統制機関」に異論を挟むことはできず、今や鼻面を引き回されるかのように「安全・安心な大会」を開催すると繰り返す。IOCによる「民間権威の除去」提案は皆無であるがゆえに、五輪開催を前提とする大元の原理的無謬に政府が触れることはできない。

　マーシュらが提唱した政策の成功次元から、コロナ禍以前とコロナ禍以後のこれまでの東京五輪政策を振り返るならば、プロセス、プログラム、政治性のいずれの次元においても指標とエビデンスに適応したとは言い難い事象の連続であった。国立競技場の建設でいえば、とくに白紙撤回以前のプロセスでは、「選択肢の形成における正当性」はなく、「説明責任」も果たされなかった。利害関係者の最大公約数的な相乗りがプログラム自体の破綻を招いた。そして白紙撤回は政治主導に利用され、透明性とはほど遠い展開であった。

　コロナ禍後の東京五輪の行く末は、「コロナに打ち勝った証し」「世界の団結の象徴」「安全・安心の大会」とは程遠いものとなった。加えて、開催の可否が政権の命運を左右するような事態となり、緊急事態宣言の発令時期や期間が、IOC会長の来日時期など東京五輪を開催するための政府の都合を優先したのではないかともいわれた。東京五輪をインバウンド観光など経済の起爆剤にしようとする政府の目論見ははずれ、その意味で「ご祝儀政策」は期待できなくなった。

　東京五輪をめぐる「政策の成功形態」はもはやその輪郭すらわからなくな

り、「時間枠」は極めて短期的なものとなった。「利害関係」には軋みが生じ、「評価対象のポイント」自体がぼやけてしまった。首相発言に典型的な「情報」の発信は極めて少なくなり、国内メディアの主張があまりにも弱い点など、「政策の分離性」は果たされていない。予定調和とは正反対の展開に、政府、都、会場地自治体、組織委の間での摩擦が見られるようになり、今後の展開の不明瞭さは増している。さらにインフォーマルな決定後に表層的なフォーマルな決定が出される展開パターンに人々は気づき始めている。

7　組織委会長の女性蔑視発言とその反応
（2021年2月1日‐2月15日）

　組織委の森喜朗会長（当時）は2月3日、東京都内で開かれたJOCの臨時評議員会の場で「女性理事を選ぶっていうのは文科省がうるさく言うんです。女性がたくさん入っている理事会は時間がかかる。女性は競争意識が強いから、誰か一人発言すると自分も言わないといけないと思うのだろう」と発言した。組織委の理事会についても「（女性は）7人くらいいるが、みんな、わきまえておられる。競技団体からのご出身や国際的に大きな場所を踏んでおられる方ばかり。話もきちんと的を射た発言をされるので、非常に役立っている」と語った[6]。森組織委会長の発言に、女性理事ひいては女性全般を侮辱した責任は極めて重いとして、辞任を求める声が挙がった[7]。

　政府のコロナ対策調整会議の中間報告にもとづき、組織委は2月3日、新型コロナウイルス感染防止対策などのルールをまとめた「プレーブック（規則集）」の初版を公表した。IF（国際競技連盟）関係者向けで、出国前の検査や陰性証明提出など安全に大会を運営するための具体策を記載した[8]。IOCのジョン・コーツ副会長は　無観客開催の可能性は「考えられるが、まだ決

6　2021年2月4日付日本経済新聞「森会長『女性多い会議、時間かかる』」。
7　2021年2月5日付朝日新聞「森会長の辞任を求める」。
8　2021年2月4日付東京新聞「公共交通機関の使用　禁止」。

まっていない」と説明した。スポンサーなどへの影響について「無観客に
なったら撤退するとかスポンサー料を減らすとか言ってきた話はない」とも
明らかにした。コーツ氏は「100％」開催すると言明し、「プラン B（代替案）
はない」などと重ねて中止論を否定した[9]。

　IOC は、「森氏は不適切な発言について謝罪した。もうこの件はこれで終
わりだ」とコメントし、収束を図ろうとした[10]。一方で、IOC にとって東京
五輪のうたい文句は「史上最も男女平等に配慮した大会」である。積極的に
男女混合種目を採用し、女子選手の参加比率は史上最高の48.8％（追加 5 競技
を除く）となった。原則 1 人だった各国・地域の騎手も男女ペアで起用でき
る新ルールを設けた[11]。米ホワイトハウス当局者は 2 月 3 日、東京五輪に関
して「選手の活躍を望んでいる。選手の安全が優先だ」と説明した。最終的
な選手派遣の判断は米国オリンピック・パラリンピック委員会（USOPC）が
行うとした。サキ大統領報道官は 3 日の記者会見で、東京五輪に関して「わ
れわれの計画に何ら変更はない」と述べた[12]。

　森組織会長は 2 月 4 日の記者会見で、記者に向かって「面白おかしくした
いから聞いているんだろ」と言い放った。「深く反省している」と低姿勢で
臨んだが、質疑に入ると、いら立ちから居直り、質問を遮った[13]。国際通信

9　2021年 2 月 5 日付日本経済新聞「五輪観客『来月にも判断』」。
10　2021年 2 月 5 日付毎日新聞「東京五輪開催に逆風」。
11　2021年 2 月 5 日付毎日新聞「大会理念に逆行」。
12　2021年 2 月 5 日付下野新聞「米『選手の安全優先』」。
13　2021年 2 月 3 日付下野新聞「居直り、反省の色なく」。森氏は2014年に当時の五輪担当相に要
　　請され、組織委（公益財団法人）の会長に就任した。大会経費の確保には、政治力のあるトッ
　　プの存在は不可欠だった。約3000人の組織委職員も 3 分の 1 が国や都からの出向組で、幹部は
　　財務省や外務省の官僚である（2021年 2 月 6 日付東京新聞「森会長追求　広がる溝」）。理事会
　　は年 4 回程度開かれ、予算や大会計画など組織委の重要事項を決める機関で、理事の職務執行
　　監督や、会長、副会長、専務理事、常務理事の選定や解職などの権限も持つ（競技団体や企業
　　の関係者、議員ら35人で構成） 2 （021年 2 月13日付産経新聞「森会長辞任、検討委で人選」）。
　　森氏は2005年に日本体育協会（現日本スポーツ協会）会長に就き、 3 期 6 年務めた。日本ラグ
　　ビー協会の会長（2005年－2015年）も務めた。東京五輪の招致活動ではスポーツ界と政官財の
　　各界をつないだ「オールジャパン」態勢を創った（2021年 2 月 9 日付東京新聞「内輪から『辞
　　めろ』言えず」）。

社、米国の有力紙、英国の公共放送など影響力の大きな海外メディアも女性を蔑視する発言だと批判的に取り上げた。IOC は、森会長の謝罪と発言撤回を受け「決着した」との声明を出して火消しに回った。

　政府やスポーツ団体から辞任に踏み込んだ声は一向に上がらず、世論との「温度差」が浮き彫りになった。森氏の政官財、スポーツ界、地方自治体に及ぶ強い影響力が頼みだけに、関係者は「沈黙」を強いられているとの指摘があった[14]。2 月 5 日の衆院予算委員会で野党議員から「首相の認識が問われる。森氏に辞任を求めるべきではないか」などと問われた菅首相は、「その権限はない。組織委は公益財団法人であり、首相としてそうした主張をすることはできないと思っている」などと述べた[15]。バイデン米大統領は 2 月 7 日、「安全に開催できるかどうか科学に基づき判断すべきだ」と指摘した。「4 年間、たった一度のチャンスのために努力してきた五輪選手たちが、突然その機会を失ったらどんなに傷つくだろうか」と述べた。その上で、自身の新型コロナへの取り組みを念頭に「われわれは科学を重視する政権であり、他の国々もそうだと思う」と指摘した[16]。

　森氏の続投に抗議するオンライン署名への賛同は13万件を超えた。日本にある欧州各国の大使館が「女性差別反対」のメッセージを発信した。都に抗議の電話が殺到し、大会ボランティア辞退の申し出も相次いでいるとした[17]。

　ワクチンの接種事業には、政府と国民の間で慎重なリスクコミュニケーション（リスクについての情報共有）が求められる。しかし、五輪までに全国民に接種する、出場する選手には接種するなど、ワクチンと五輪を結びつけ、お互いを「人質」にとるようなことをしてしまうと、科学的根拠にもとづいて進めていくべき議論をゆがめかねない、との指摘があった[18]。

14　2021年 2 月 6 日付下野新聞「政府　五輪に打撃恐れ沈黙」。

15　2021年 2 月 6 日付朝日新聞「首相、森氏の続投容認」。

16　2021年 2 月 9 日付東京新聞「バイデン大統領　是非に初見解」。

17　2021年 2 月 9 日付毎日新聞「森会長の続投論」。

18　石井健（東大医科学研究所教授）「五輪と結びつけると議論ゆがめる恐れ」（2021年 2 月10日

　東京五輪の放送権を持つ米NBCは2月10日、「彼（森氏）は去らなければならない」と題した記事を掲載した。「野卑な行為を無視すれば、さらに野卑な行為が生まれるだけだ」と強く非難し、辞任を迫った[19]。小池百合子東京都知事は2月10日、2月15-17日を軸に日程調整が進んでいたIOC、政府、都、組織委のトップによる「4者会談」の開催について「いま会談をしてもポジティブな発言にはならないのではないか。私は出席することはないと思う」と不参加の意向を報道陣に述べた[20]。トヨタ自動車は2月10日、「トヨタが大切にしてきた価値観と異なり、誠に遺憾だ」との豊田章男社長のコメントを発表した。森氏の進退などには言及しなかった。JR東日本は「非常に不適切」と強調し、明治は「大変残念だ」とした。味の素や日本生命保険、東京海上日動火災保険なども次々と「遺憾」の意を表明した[21]。

　森組織委会長が2月11日、辞意を固めたことが明らかとなった[22]。森氏は後任について、元日本サッカー協会会長で、組織委の評議員を務める川淵三郎氏とこの日面会し、会長就任を要請した。川淵氏は「森さんの期待に沿うべく、ベストを尽くしたい」と受諾する意向を示した[23]。ところが、川淵氏は12日、辞退する意向を示した。菅首相は同日、「新しい会長は組織委でルールに基づいて、透明性の中で決めていくと思う」と述べ、こうした考えを森会長に伝えたことも明らかにした。組織委は新会長選びに「透明性の高いプロセスが不可欠」として、キャノン会長兼社長CEOを委員長とする候補者検討委員会を設置した。メンバーは公表せず、会議も非公開とし、候補者選定修了後に過程を公開するとした[24]。

　IOCのバッハ会長は2月12日、組織委の森会長が辞任を表明したことを

付朝日新聞）。
19　2021年2月11日付下野新聞「批判噴出、辞任圧力に」。
20　2021年2月11日付下野新聞「小池知事、4者会談欠席意向」。
21　2021年2月11日付東京新聞「森会長発言　トヨタなど批判次々」。
22　2021年2月12日付下野新聞「東京五輪　森会長辞任へ」。
23　2021年2月12日付朝日新聞「森・五輪組織委会長　辞意」。
24　2021年2月13日付朝日新聞「川淵氏、組織委会長を辞退」。

受け、「決定を全面的に尊重し、その理由も理解している。同時に、過去数年間にわたって大会組織に多大な貢献をしてきたことに感謝したい」との声明を発表した。「東京を史上最も準備の整った五輪都市にすることに助力した」と称賛し「安全で安心な大会を実現するために、後任と手を携えて努力を続ける」と述べた[25]。

　組織委新会長の待望論の対象となった橋本氏はスピードスケートと自転車で夏冬計7回五輪に出場した実績を持つ。JOCの副会長を務めた経験もあり、IOCにも人脈がある。2012年ロンドン五輪は陸上のセバスチャン・コー氏、24年パリ五輪はカヌーのトニー・エスタンゲ氏など、最近の大会組織委会長は五輪メダリストのアスリート出身者が務める傾向にある。政府関係者は「橋本氏は政治家でオリンピアン。IOCとの関係も考えると他にはいない」と待望論が展開された[26]。組織委の理事会に推薦を行う候補者検討委員会は、①座長はキャノン会長兼社長CEO、②メンバーは組織委理事（35人）から10人未満をめどに選出、③男女ほぼ半々で、アスリートが中心で、都や国、JOCの関係者も含む、④選考中はメンバー、人数は非公開、会議も公開しない、⑤選考作業後に、メンバーと過程を公表する方針、であることがわかった[27]。2月17日に開く方向で調整していたIOC、政府、都、組織委の4者トップ会議は延期になった[28]。

　以上のように2021年2月1日−15日の期間は、森氏の女性蔑視発言を契機に混乱が極まった時期となった。この期間とその後の新組織会長決定に至るまでの間、東京五輪の準備は停滞・後退した。

　組織会長の発言は、本人からすれば失言というよりは、従来から感じていた不満について軽口をたたく形で表現したものと推察される。それは、組織会長就任以来、本人が組織委を独占的に制御してきた実績の延長上にある類

25　2021年2月13日付下野新聞「『全面的に尊重』IOC会長声明」。
26　2021年2月13日付毎日新聞「イメージ刷新　誰が」。
27　2021年2月14日付朝日新聞「森氏の後任選び　問われる透明性」。
28　2021年2月14日付朝日新聞「『1週間程度で決定』」。

のものであり、スポーツ界の体質が凝縮されたものであった。組織委会長が後任人事を自分で決めようとした勇み足行動も、また、それを当たり前のようにいったんは受容した選手村の村長も、組織委は自分が独占的に動かせるという考えでは共通していた。

　IOC と政府の反応の鈍さが挙げられる。両者は男女平等や多様性尊重といった表面的な旗印を掲げながら、実のところ、それとは真逆の組織委中枢の人物と深く相互依存の関係にあった。それが形成不利だと見るや、また、己に火の粉がふりかかる恐れありと見るや、瞬時に手のひらを返す行動（IOC による批判、政府による人事介入）を取ったという点でも類似性があった。こうした行動特性は都知事にも当てはまる。また、東京五輪をめぐる決定権が大元のところでは IOC 以上に米国 NBC にある可能性が垣間見られた。米国五輪委員会はもちろん、米国政府も NBC には安易に口に出せないほど、放映権料提供者の発言力が大きい現実が窺われた。それと比べれば影響力は格段に低いものの、国内スポンサー企業[29]の発言も辞任に向けた一定の影響力があった。

　政府側のみならず、スポーツ界も女性蔑視発言の張本人をかばい続けた。このことは、スポーツ界が政治の力に頼り、その結果、政治がスポーツ界を飲み込んだ構図が長く続いてきたことを晒した。東京五輪招致と開催決定以降、コロナ禍における対応も含めて組織委会長が果たしてきた縦横無尽ともいえる国内外での活動ぶりが、良くも悪くも東京五輪開催のプロセスと重なっていたことが明らかとなった。

8　組織委新会長の選出と出直し雰囲気の醸成
（2021年2月16日 − 2月28日）

　組織委会長の選考基準の5項目には、①「五輪・パラ、スポーツに対する

29　組織委は2020年12月末、国内スポンサー全68社が契約延長に合意したと発表した（2021年2月9日付朝日新聞「森氏発言　スポンサーも苦言」）。

深い造詣」、②「国際的な活動の経験、国際的な知名度や国際感覚」、③「組織運営能力や多様な関係者の調和を図る調整力」、④「（男女平等や共生社会など）五輪憲章や東京大会の理念を実現し、それを将来にレガシーとしてつなげていくことができる人」、⑤「東京大会のこれまでの経緯や準備状況について理解していること」が挙げられた[30]。

　島根県の丸山達也知事が２月17日、政府や都の新型コロナウイルス対応に疑問を示し、改善されなければ県内での東京五輪聖火リレーを中止する意向を表明した。大会を開くことによる感染拡大に危機感を示し、大会自体の中止を要求した[31]。

　組織委は２月17日、辞任を表明した森喜朗会長の後任を選ぶ「候補者検討委員会」の第２回会合を都内で非公開で開催し、橋本聖子五輪相に候補者を一本化し、就任を要請することに決めた。夏季、冬季合わせて五輪７度出場の実績に加え、政治経験、男女共同参画や多様性に関する見識などを評価したとみられた[32]。組織委会長の後任に橋本聖子氏が就任することが２月18日、決まった。同日、都内で開かれた組織委理事会で選出された。森前会長については、「私にとって特別な存在」とした上で「アドバイスを頂かなければいけない局面もある」と述べた。橋本氏は会長就任に伴い、五輪相を辞任した[33]。

　２月18日、バッハIOC会長は「素晴らしい五輪の経験があり、最適な人選だ。女性を任命することで男女平等において非常に重要なシグナルを発信する」と歓迎した。準備状況を監督するコーツ調整委員長も「彼女の五輪と政治の経験から恩恵を受けるだろう」と信頼感を示した[34]。IOCは絞り込みの直前、政府による支援を見据え「次の会長は菅首相が望む人にしてほしい」と日本側に伝達していた。バッハ会長は２月18日、橋本氏と電話会談し

30　2021年２月17日付下野新聞「きょうにも会長絞り込み」。
31　2021年２月18日付下野新聞「自治体の反旗、広がる困惑」。
32　2021年２月16日付下野新聞「橋本氏に会長要請へ」。
33　2021年２月19日付産経新聞「組織委会長に橋本氏」。
34　2021年２月19日付東京新聞「IOC会長『最適』」。

「全力で支える」と強調した[35]。

　IOCバッハ会長は同日、「就任を心から祝福したい。五輪に7度出場してメダルも獲得し、団長も務めた経験を持つ彼女は、完璧な選択だ」とする声明を出した[36]。組織委理事34人中、女性は橋本会長ら7人で、比率は約20%であった。3月末に予定する次回の理事会に向け、理事の定員を50人程度に増やしたうえで、女性理事を10人以上加え、比率を40%以上に上げる方向で調整しているといわれた[37]。山口香JOC女性スポーツ専門部会長は「残り約半年の時限的な組織で、新任の理事に何ができるか、実効性に疑問がある」と話し、「委員会や部局など、現場の意思決定に関わる立場に女性を起用することの方が大事だ」とした[38]。米国オリンピック・パラリンピック委員会（USOPCC）のハーシュランド最高経営責任者（CEO）は2月18日、ツイッターで、橋本氏に「歓迎する。東京五輪は長らく大いに期待されており、これまでにない時代で友情と地球規模の祝祭の力強い原動力となる、またとない機会を得た」と祝意を述べた[39]。

　英国が議長を務める先進7カ国（G7）首脳会議が2月19日、オンライン形式で開かれ、首脳声明をまとめた。声明は東京五輪に言及し、東京五輪を「新型コロナに打ち勝つ世界の結束の証し」と表現し、今夏開催の決意を示す日本を支持した[40]。IOCのバッハ会長は2月19日、G7首脳が開催の決意を示す日本を支持する声明をまとめたことを受け「支援のメッセージを歓迎する。自信と激励の力強いシグナルに大変感謝している」との談話を発表した。同会長は「日本政府や大会組織委員会と共に全ての参加者にとって安全かつ安心な方法で大会を開催する上で、われわれの一層の努力を鼓舞してくれる」とし、2020年11月の20カ国・地域首脳会議（G20サミット）に続く支持

35　2021年2月19日付東京新聞「水面下　首相もプッシュ」。
36　2021年2月19日付朝日新聞「『完璧な選択だ』」。
37　2021年2月20日付朝日新聞「女性理事40%　達成できる？」。
38　2021年2月20日付朝日新聞「『意思決定する現場にこそ』」。
39　2021年2月20日付産経新聞「米五輪委『力強い原動力に』」。
40　2021年2月21日付産経新聞「G7、五輪開催決意を支持」。

だと強調した[41]。バイデン米大統領は 2 月19日、主要 7 カ国首脳会議に続き、ミュンヘン安全保障会議にオンラインで出席し、「新型コロナウイルスに打ち勝つ世界の結束の証しとして今年の夏に安全・安心な形で、開催するという日本の決意を支持する」とした[42]。

　小池百合子都知事は 2 月24日、東京五輪開催に向けた政府、都、組織委、IOC の 4 者協議に国際パラリンピック委員会（IPC）を加え、 5 者協議を来週にも開催する方向で調整していることを明らかにした[43]。聖火リレーについて、組織委は観覧自粛の呼びかけは見送った。沿道での観覧を許容した背景には、多額の協賛金を拠出するスポンサー企業への配慮や、開催に懐疑的な声が根強く残る大会機運を盛り上げる狙いがあった[44]。政府は 3 月 7 日以降の緊急事態宣言の全面解除後、東京五輪に参加する外国人の入国を許可する方針を取った。新型コロナウイルス感染拡大で感染拡大で外国人の新規入国は原則停止していたが、大会関係者の入国を例外的に認めることとした[45]。

　以上のように、2021年 2 月16日 - 2 月28日の期間は、組織委会長の辞任を受けた新会長選出の過程に注目が集まった。招致段階やそれ以前のスポーツ団体の政府への補助金（とくに競技スポーツ絡み）頼みが顕著になった頃から、東京五輪準備における調整には政治力が不可欠となり、組織委会長というポジションは、そうした力を有する者でなければ務めることができないことが、スポーツ界の関係者だけでなく、スポーツ世界の外に位置する者の目にも明らかになった。それは同時にスポーツと政治の一体性という IOC の体質の変化（政治との密室性、スポーツと政治の相互利用関係）と密接に連なっていた。

　政府（首相）がその時々の自己利益の都合に合わせて、他組織との関係の

41　2021年 2 月21日付下野新聞「G 7 声明を歓迎」。
42　2021年 2 月21日付朝日新聞「『アメリカは戻ってきた』」。
43　2021年 2 月25日付産経新聞「国際パラ委を加え来週にも 5 者協議」。
44　2021年 2 月26日付毎日新聞「聖火リレー　手探り」。
45　2021年 2 月27日付日本経済新聞「五輪関係者　優先緩和へ」。

スタンスを使い分ける（いわゆる二枚舌を行使する）ことがわかった。前会長の女性蔑視発言を受けた最初の首相の反応は、組織委は公益法人であり政治介入はできないというものであった。首相は組織委に助言できる顧問会議議長であるにもかかわらず、与党内の政治力学が首相にこうした沈黙行為を取らせたのである。しかし、その後、前組織委会長が後任人事に乗り出し、対象人物が明らかになるとルールを盾に一転して難色を示した。同時に形式上はともかく、後任人事の人選に実質的に介入した。こうした政府の二枚舌行為は、東京五輪開催の是非や可否をめぐる責任の主体が今や菅政権・政府にあることを如実に示した。

　後任候補を選ぶ組織委の検討委員会のやり方は、果たして妥当であったのか疑問が残る。とくに議論を非公開にしたことと、立候補者を募り立候補者間での討論の場を設定しなかったことである。組織委事務局長の実務手腕に頼る手堅いやり方だとしても、前組織会長辞任問題の根底にはスポーツ界の閉鎖性・密室性があったのだから、新組織委会長の人選は透明性・多様性を前面に掲げるべきであった。新組織委会長の意識に前組織委会長の意思が影響を及ぼすだけでなく、前者の意思決定そのものが後者のそれに全面的に依存する可能性が残った。しかし、辞任により政治主導の中身や構図は相当に変わってくるのではないか。前組織委会長（森氏）と前首相（安倍氏）との二人三脚型の政治主導が変化したことで、都知事の発言力が高まってくるのではないかとの見方もある。政府の政治主導の力そのものが減退か強化のどちらの方向に向かうのであろうか。

　IOCの姑息ともいえる二枚舌行為がさらけ出された。同時にIOCは会長の数々の美辞麗句発言とは裏腹に、実のところ自己利益の侵害に最も敏感な組織であることも明らかとなった。短い間隔でもって、全く逆のスタンスを提示する理由説明がないのはこの組織の最大の欠陥かもしれない。

　この時期にはIOCだけではなく、国外からの支援包囲網というべき現象が露骨なほど連続して生じた。G7首脳会議の声明、USOPCC、バイデン米大統領の発言引用などがそれである。政府には国内における東京五輪懐疑論

を打ち消す効果があると見ると、こうした国外からの支援現象を徹底的に使う政治的性向がある。政府はその所有資源をフル活用して、東京五輪開催の機運を醸成しようとする。透けて見えるのは、女性や若さ、複数の五輪出場経験（しかも冬季大会だけでなく夏季大会も）といった新会長としての適任性と多様性、さらにはジェンダー問題解決へのメッセンジャーなどに、政府が目を付け、政治利用の格好の対象者と見なしたことである。

9　海外観客断念（2021年3月1日−3月31日）

　試算では五輪関連の経済効果を8兆円程度とするが、別の試算では開催時の（飲食や宿泊といった）効果は2兆円である。つまり全体の4分の3の効果は出ているとの見解があった[46]。

　組織委は3月2日、臨時理事会で、理事の定数を35人から45人に増やし、欠員2人分を含め新たに女性12人を候補に選出した。女性理事は19人となり、割合は42％に倍増となった。ただ、理事会は本来、意思決定の場のはずだが、大会に向けての実務を進める組織委の役割上、理事会の主な議題は業務の進捗状況の報告の場であった[47]。

　首都圏の1都3県で継続している新型コロナウイルス緊急事態宣言の期限が3月7日に迫り、菅首相は3月3日、再延長へとかじを切った。東京五輪への影響を避けたい思惑もにじんだ。2週間延長なら、期限は3月21日までであった。自民党内には、五輪を意識したとの見方があった。聖火リレーが3月25日にスタートする予定だからであった。感染を抑え込んで宣言を解除し、聖火リレーに臨みたいとの思惑が見え隠れすると指摘された[48]。

　政府と組織委、都は海外からの一般観客の受け入れは困難だとする方向で

46　木内登英（野村総合研究所エグゼクティブ・エコノミスト）「長引く打撃　業態転換を支援」（2021年3月1日付産経新聞）。

47　2021年3月3日付毎日新聞「『平等』『多様性』発信図る」。

48　2021年3月4日付東京五輪「後手批判　五輪へ影響　恐れ？」。

調整に入った。3 月 3 日、IOC バッハ会長と IPC パーソンズ会長、丸川五輪相、小池都知事、橋本組織委会長は、オンライン形式で 5 者会談を開いた[49]。競技会場での観客上限については、組織委はプロ野球など国内のほかのスポーツイベントを参考に決める方向で調整を進めていた[50]。チケット収入の減少だけでなく、警備やボランティア、輸送、宿泊など計画の修正も求められた。数万人に及ぶ選手や役員、メディア関係者らの感染防止策も細部を詰めなければならない、とされた[51]。

　組織委の武藤敏郎事務総長は、3 月 5 日、再延期は「不可能」とし選択肢にないとの考えを明確にした。大会期間中に各国選手が滞在する選手村の再確保が困難な点を挙げた[52]。

　IOC の総会が 3 月 10 日、オンライン形式で開幕した。バッハ会長は冒頭のあいさつで「現時点で、7 月 23 日の開幕を疑う理由はない。問題は開催できるかどうかではなく、どう開催するかだ」と述べた[53]。IOC バッハ会長は3 月 11 日、オンライン形式での総会で、東京五輪と 2022 年北京冬季五輪の参加者のため、新型コロナウイルスの中国製ワクチンを IOC が購入すると発表した。中国五輪委員会が提供を申し出たという[54]。USOPC のサラ・ハーシュランド最高経営責任者（CEO）は 3 月 10 日、米国選手団が新型コロナウイルスのワクチンを接種して東京五輪に参加するとの見通しを示した。一方で、選手の「ワクチン接種を受けない権利」も尊重するとした。また、選手団の派遣そのものについては「選手たちがためらっているという報告はない。参加を熱望し、準備もできている」と語り、派遣方針に変更なしとした[55]。

49　2021 年 3 月 4 日付読売新聞「五輪　海外受け入れ困難」。
50　2021 年 3 月 4 日付読売新聞「『3 密』回避　プロが先行」。
51　2021 年 3 月 6 日付毎日新聞「今後も安全優先の判断を」。
52　2021 年 3 月 6 日付東京新聞「五輪、再延期は『不可能』」。
53　2021 年 3 月 11 日付毎日新聞「バッハ氏『7 月開催明白』」。
54　2021 年 3 月 12 日付読売新聞「IOC　中国ワクチン購入」。
55　2021 年 3 月 12 日付読売新聞「ワクチン接種し参加　米選手団方針」。

　政府は 3 月17日、海外からの一般客の受け入れを断念する方針を正式に決めた[56]。東京五輪での新型コロナウイルス対策について、選手や大会関係者ら海外からの入国者数を最大 9 万人と推計し、受け入れ可能と結論付けたことが 3 月19日、わかった。選手約 1 万5000人に審判やコーチ、報道、スポンサーなど関係者を加えて最大 9 万人と仮定し受け入れが可能か検証した。政府は入国審査から健康管理まで一元的に把握できる「統合型健康情報管理システム」（仮称）を新たに構築するとした。入国者には携帯端末へ専用アプリをダウンロードするなどの方法でシステムへアクセスするとした。政府はシステム開発費として約75億円を今年度 3 次補正予算に計上した[57]。政府は、新型コロナウイルス対策の緊急事態宣言が 3 月21日で解除される東京など 1 都 3 県の大規模イベントの参加人数制限について、 4 月18日までは「 1 万人以内」に、同19日からは「収容定員の50% 以内」に緩和する方針を固めた。緩和方針には、五輪の観客受け入れに向けた地ならしと見られた[58]。

　IOC 最上位スポンサーである「TOP」からの収入は放映権料に次ぐ柱で、2013〜16年は10億300万$^ドル$（約1093億円）と全体の約 2 割を占めた。IOCが強く受け入れを要望した海外からのスポンサー招待客が増加すれば、リスクを高めるとの懸念があった[59]。2020年 3 月の延期決定を受け、国内分は販売済みの約445万枚（五輪）の18% にあたる約81万枚が払い戻された。観客が減れば、コロナ対策費を減らせるとの見方もあったが、組織委幹部は「物品調達が進んでいるものもある。経費削減は簡単ではない」と語った[60]。

　政府は 3 月18日、大会会場が集中する首都圏 1 都 3 県の緊急事態宣言を 3 月21日で解除すると決定した。感染症の専門家は「五輪を開催するかどうかは、もはや医学的というより、政治的な問題になっている」と指摘した[61]。

56　2021年 3 月18日付読売新聞「五輪海外客断念を決定」。
57　2021年 3 月20日付産経新聞「海外選手ら 9 万人　入国可」。
58　2021年 3 月20日付読売新聞「『定員50%』来月19日」。
59　2021年 3 月21日付毎日新聞「水際対策、医療体制を懸念」。
60　2021年 3 月21日付朝日新聞「チケット払い戻しへ」。
61　2021年 3 月21日付毎日新聞「安全より開催優先」。

IOCにはワクチンの接種や確保の進まぬ開催国の日本で、接種を受けた選手の行動が制限されることに不満があった。五輪は競技も格闘技、団体球技、記録を争うものまでさまざまであり、IOCはワクチン抜きでは難しいと考えていた。日本側は不確定要素のあるワクチン頼みは危険として感染防止策を重視するようになった。丸川珠代五輪担当相は「東京五輪の開催はワクチンを前提としない」と改めて強調した。東京大医科学研究所の石井健教授（ワクチン学）は「世界各国で確保や接種の状況も異なり、同じような対処は難しい。選手へのワクチン接種は五輪開催の切り札にならないし、してはいけない」と指摘した[62]。

　以上のように、2021年3月は政府とIOCにとって誤算続きの時期となった。

　第1に、海外観客の受け入れ断念である。2020年3月に1年間の延期を決定したのは、「完全な形」での大会開催のためであった。それが目に見える形で失われただけでなく、完全開催であれば訪日客の移動、宿泊、飲食、観光などの五輪効果もなくなってしまった。菅政権の肝いり政策である大会終了後のインバウンド効果の見通しも立たなくなった。景気浮揚策の起爆剤にという思惑が吹き飛んでしまった。二つの大きな政策の挫折である。

　第2に、海外観客の断念は東京五輪の運営準備に大きな打撃を与えた。チケット収入の減少、払い戻し作業の繁雑さ、国内宿泊キャンセルなどに伴う訴訟リスク、ボランティア対応の組み直しやボランティアの減少などである。そして、何よりも海外観客との交流や文化の相互理解など五輪ならではのレガシーを残す機会が失われた。これは大会終了後のインバウンド効果など目先の事象では計れない大きな損失である。

　第3に、コロナ禍が収束どころか変異株の流入と相俟って政府は緊急事態宣言を延長せざるを得なくなった。緊急事態宣言の有無は、東京五輪開催の可否論や是非論に直結する類のものである。事の真偽がどうこうではなく、

62　2021年3月21日付毎日新聞「ワクチン　IOCと溝」。

緊急事態宣言の期間設定と東京五輪（聖火リレー）スタートとの連結現象が露わになった。安全・安心や生命・健康を守るウイルス対策が、政治の至上命題である東京五輪開催の手段と化しているかのようである。そのことを最優先したと疑われる政府の行為、すなわち、緊急事態宣言の適正・的確な期間設定よりも聖火リレー開始を優先させたのではないかとの疑念を払拭することはできない。

　東京五輪の開催に突き進む政府の姿勢は、2020年7月以降のGo Toトラベル（キャンペーン）の強行姿勢と類似している。振り返れば、政府は2020年4月7日に7都府県に緊急事態宣言を出し、4月16日には全国に拡大し、5月に緊急事態宣言を全域で解除した。緊急事態宣言による経済の停滞やマイナスの影響を目の当たりにした政府は、7月に開始したGo Toトラベルを意固地になっているのではと思われるほど長期間にわたって維持した（12月にようやく停止）。それは明らかに冷静な政策判断とはかけ離れていた。2021年1月に首都圏を対象に2度目の緊急事態宣言が出され、一時、11都府県に拡大した。3月には緊急事態宣言を首都圏4都県で再延長せざるを得なくなった。引っ張れるだけ引っ張ったGo Toトラベル（＝人流の増大）のつけが2021年になって吹き出したのである。変異株の流入がさらなる懸念を生む中で、政府は再び同じ愚を繰り返すのであろうか。

　第4に、組織委理事会の女性理事の増員をもって、前組織委会長の女性蔑視発言から派生した問題が解消したとは到底いえない。東京五輪までの理事会の開催回数は限られている。果たして組織委の機能自体の変化は期待できるか。組織委の発信の仕方や中身を注視していかなければならない。

　第5に、東京五輪の方向性を左右するのが米国の意向であることが明らかになった。米国NBCの意向が米国五輪委員会を動かし、ホワイトハウスや米国大統領の発言・スタンスをも左右する実態が透けて見えた。こうした一連の反応や動きにIOCは明らかに歩調を合わせていた。開催ありきならば、政府はその理由を丁寧に説明すべきであるはずなのに、キーワードを微妙に変えながら、「安全・安心の大会」を繰り返す政府の行為は責任放棄に

も映るし、世論との乖離が目立つようになった。

10　ワクチン接種次第という誤謬

　本稿では危機管理や政策の成否、組織ルール、民間セクターの公共サービスへの参入などに関わる文献研究を紹介し、そこで提供された視点から東京五輪をめぐる事象を考察した。そして、2021年2月と3月の2カ月間を対象期間として、これを三つの期間に分けて時系列的に整理・把握し、特徴を指摘した。この期間には組織委会長の辞任と海外からの観客受け入れ断念という、東京五輪開催の準備運営面での危機が生じた。組織委会長の辞任と新会長の選出、その過程や結果をめぐる国内外の反応から、単純に「禍転じて福と成す」とはいえない複数の問題がある点を指摘した。また、海外観客の断念では、このことが運営面や収益面、さらには五輪の価値そのものに負の影響を及ぼす点に注目した。

　また、この期間において最も印象に残った指摘として、ワクチンと東京五輪との関連づけを危惧する声が挙げられる。確かに、ワクチン接種事業における鉄則かつ大前提は、政府と国民の間での「慎重なリスクコミュニケーション（リスクについての情報共有）」である。しかし、それがないまま、混乱状況を引きずったまま、「この（東京）五輪までに全国民に接種する、出場する選手には接種するなど、ワクチンと五輪を結びつけ、お互いを『人質』にとる」ようになると、まさにワクチン接種事業そのものが歪んでしまう。ワクチン頼みの東京五輪開催は極めて危うい。

　そのことを政府、組織委、都、IOC は認識しているのか。あるいは認識はしているが、何が何でも開催するために、鉄則を崩しても構わないと考え、意図的に隠蔽し崩しにかかっているのか。東京五輪開催の是非や可否がワクチン接種次第の風潮がまん延すれば、その被害やつけは選手本人や関係者のみならず、全国民に及び、国家の危機をさらに助長するおそれがある。ワクチン接種の今後と東京五輪の是非・可否論とは分けて考えるべきではな

いか。

　選手はワクチン接種を任意とするのか、あるいは義務づけられるのか。前者の場合、競技に臨む上での選手間の公正性は果たして保たれるのか。後者の場合、後遺症など競技パフォーマンスの発揮に負の影響を及ぼすおそれはないのか。どちらに転んでも選手や関係者の間で不協和音が生じるのではないか。「東京五輪はワクチン次第」と謝ったメッセージを発し続けるのであれば、政府は国民に対しても本末転倒行為の張本人として歴史に位置づけられるであろう。

第3章　東京五輪の「負の政策レガシー」

1　東京五輪の観客問題

　2013年9月に東京オリンピック・パラリンピック大会（東京五輪）の開催
が決定して以降、2021年7月の開幕に至るまでの約8年間は、様々な課題が
次々に生じるトラブルの連続であった。エンブレム盗用、新国立競技場の巨
額な建設費、招致過程での不正疑惑、スポーツ団体の不祥事、大会経費の増
大、競技会場の変更、新型コロナウイルス対応としての大会の1年延期、組
織委会長の辞任、開会式の運営変更など枚挙にいとまがない。

　本稿では、こうした一連の東京五輪準備過程における課題噴出の中で、開
幕（2021年7月23日）前の直近3カ月間（2021年4月から7月8日まで）に焦点を
当て、主要な利害関係者（ステークホルダー）である政府、組織委、都、
IOC、スポンサー企業の各々の影響力行使の活動の相互作用による政策過程
の特徴を政府の政策を通じて浮き彫りにする。

　この間の各紙新聞報道[1]を追い、コロナ医療対応、酷暑対策、聖火リレー
やホストタウンの運用、観客制限、選手・関係者の受け入れ、五輪開催の説
明責任、世論の動向、ワクチン接種との関係、IOC委員など大会関係者の
接遇、東京以外の会場地道県との調整、まん延防止等重点措置・緊急事態宣
言の発令、政府の「新型コロナウイルス感染症対策分科会」の提言など、さ

1　本稿で参照した新聞報道はいずれも朝刊で、2021年4月1日から同年7月8日までの朝日、
　産経、下野（共同通信）、東京、日本経済、毎日、読売の紙媒体各紙の記事189本を対象とし
　た。本稿ではオリンピックに焦点を当てるため、本文中の東京五輪という記載はオリンピック
　のみを指す。

まざまな課題への対応を、主要関係アクター間の相互作用の結果と絡ませながら、東京五輪準備の政策過程の特徴を明らかにする。

　とりわけ、観客の取り扱いをめぐり、2021年3月に海外からの観客受け入れを断念してから、政府や組織委は国内有観客に固執し続けた。背景には、大会の中止や無観客開催に至れば首相の「コロナに打ち勝った証し」としての東京五輪に疑問符が付いてしまうこと、組織委に入るはずの巨額なチケット収入が失われてしまうこと、後の費用負担問題において都も含めそうした事態は回避したいと考えたこと、観客の移動や宿泊、観光などに伴う経済効果が失われてしまうこと、ひいては東京五輪が失敗との烙印を押され、そのことにより政権への批判が強まり、この年の秋に総裁選や衆院総選挙をひかえる現政権の継続が困難になると見なされたこと、などが挙げられる。

　さらに有観客を聖火リレーの沿道やPV（パブリックビューイング）、五輪関連文化イベントといった競技会場以外の「祝祭空間」に広げるならば、観客の有無は技術的な取り扱い対応のレベルを超えた、東京五輪の成否を左右する中心的な要素であった。2021年4月以降の3カ月間は、有観客へ固執・拘泥する政府のスタンスが政策に顕著に反映された時期となったのである。

　そこで本稿では、東京五輪開幕直前のこの3カ月間を対象に、観客の取り扱いをめぐる政府等の対応政策（観客政策）に焦点を当て、その動きを「政策レガシー」の視点から考察することとする。

　以下、欧文雑誌の行政研究において「レガシー」という用語がどのように使われているのかを紹介した上で、東京五輪における「政策レガシー」というキーワードを設定する。

　そして、東京五輪をめぐる政策レガシーの事例として観客政策を取り上げ、3カ月間の有観客ありきの、いわば新型コロナウイルスの感染拡大（コロナ禍）における「有観客固執政策」の動態を追う中で見えてきた政府や組織委の有観客開催ありきの優先行為、誘導・正当化行為、中止回避行為という三つの行為に関連する事例を新聞報道から抽出する。

　政府が有観客開催ありきに固執した結果、開幕2週間前になって無観客開

催が決定したことを、政策レガシーの視点からどのように評価されるのか、
結論を示したい。

2 東京五輪の政策レガシー

　行政研究におけるレガシーという用語の使い方について、社会科学におけ
る概念用語としては浸透しているわけではないように見受けられる。

　そうは言うものの、たとえばフラウセンら（Bert Fraussen and Darren
Halpin）は、デジタル技術への対応が迫られる業界について新興のIT産業
を「デジタルネイティブ（digital natives）」と呼び、これと対比する形で、レ
ガシー産業、レガシーグループといった呼称を用いている。ここでのレガ
シーは旧式・伝統的な業界ではなく、IT対応が不可欠となる商品・サービ
ス市場における既存の業界を指す[2]。

　ウィルキンソンら（Katy Wilkinson, Philip Lowe and Andrew Donaldson）は、危
機管理における政策選択そのものをレガシーと捉える[3]のに対して、モレル
（Kevin Morrell）は、公共価値を重視した「政権のレガシー（an administration's
legacy）」を指摘し、同時にそれとは正反対の「偽善、詐欺、スキャンダル」
といった「悪徳行為」を負のレガシーと位置づける[4]。

　さらに、シンドジャーグら（Dorte Sindbjerg Martinsen, Karsten Vrangbaek）
はEUの医療政策はEU構成国の医療政策に大きな影響を及ぼし、「新たな
制度的レガシー（a new-institutional legacy）」となったと見なす[5]。

　2　Bert Fraussen and Darren Halpin, "How do interest groups legitimate their policy
advocacy? Reconsidering linkage and internal democracy in times of digital disruption",
Public Administration, (2018), Volume96, Issue1, pp.23-35. Kevin Morrell, "Governance and
the Public Good", *Public Administration*, (2009), Volume87, Issue3, pp.538-556.

　3　Katy Wilkinson, Philip Lowe and Andrew Donaldson, "Beyond Policy Networks: Policy
Framing and the Politics of Expertise in the 2001 Foot and Mouth Disease Crisis", *Public
Administration*, (2010), Volume88, Issue2, pp.331-345.

　4　Kevin Morrell, "Governance and the Public Good", *Public Administration*, (2009), Volume87,
Issue3, pp.538-556.

　このようにレガシーは行政研究における政策、制度、管理と決して無関係ではなく、良い（正の）レガシーと悪い（負の）レガシーが存在することになる。

　観客のあり方（有観客、制限観客、無観客）が東京五輪における重要政策の一つであるとすれば、たとえば復興五輪のように、招致段階から声高に主張されたレガシーを政策面から捉えることは有益であろう。そして、この場合の良い政策レガシーとは、大きくは準備段階も含めた東京五輪が人々や社会に受け入れられるような公共的な価値を伴った形で、円滑に運営されるような政府や組織委など関係アクターの個々の行為・活動を意味する。反対にこうした価値を付与できない、あるいはポジティブでなくネガティブな状況をもたらすような政府行為は「負の政策レガシー」とされよう。

3　有観客ありきの優先行為

　東京五輪開催まで 4 カ月を切った2021年 4 月から、無観客開催が実質的に決定する 7 月 8 日までの 3 カ月間あまりにおいて、政府行為（＝政策）の特徴としてまず挙げられるのが、開幕に向けたスケジュール日程を一般のコロナ対策スケジュールよりも優先したことである。東京五輪の新型コロナ対策を疎かにしたという意味ではなく、有観客開催のために対策を徹底しつつ、緊急事態宣言やまん延防止等重点措置の決定や解除の日程が、東京五輪との絡みで優先設定されたのである。

　都などでは21年 4 月以降も感染拡大が止まらず、同25日に 3 回目の緊急事態宣言が発令されたが、その期間は僅か 2 週間であった。そして 5 月12日に同月末までの宣言延長が決まった。さらに同28日には 6 月20日まで宣言を延長した。このように宣言期間を 2 - 3 週間と短く設定したのは、コロナ対策

5　Dorte Sindbjerg Martinsen, Karsten Vrangbaek, "The Eurpeanization of Health Care Governance: Implementing the Market Imperatives of Europe", *Public Administration*, (2008), Volume86, Issue1, pp.169-184.

一般を見極めるためではなく、観客数の制限も含めた有観客開催の理由付け説明を最優先し、小出しに宣言期間を設定したのである。

　6月20日に宣言を解除すると、翌21日に組織委は観客数上限1万人を発表した。この上限1万人設定に至った経緯には、サッカーのJリーグやプロ野球などスタジアムの観客上限や、緊急事態宣言やまん延防止等重点措置における観客上限のあり方との絡みがある。以下、関連の新聞報道を抽出する。

　もともと政府は宣言の対象地域で大型イベントを原則無観客とする基準を示していた。ところが5月中旬の宣言延長時に5000人か、定員の50%のいずれか少ない方に緩和した[6]。

　その後、政府は宣言と重点措置の解除後の観客上限のあり方について検討を進めた。重点措置が解除された場合は、「5000人または50%の多い方（1万人が上限）」とする方向で調整に入った[7]。

　東京五輪の観客数は「他のスポーツイベントの上限に準ずることを基本とする」（菅義偉首相）とされ、政府とすれば「重点措置の出し入れ」で観客数を5000人にするか、1万人にするか判断できることになった[8]。

　緊急事態宣言下であっても無観客ではなく有観客も可能とし、さらに重点措置解除の場合は、政府の判断で「5000人または50%の多い方（1万人が上限）」を選べることとなったのである。

　背景には、無観客となれば多額の協賛金に見合う宣伝効果が得られない上に、スポンサー枠の観客招待も困難になるというスポンサー企業の強い意向があった[9]。

　またチケットについて、組織委は収入900億円を見込んだチケットの42%が販売済みで、1万人まで観客を入れられるようになれば、屋外の大規模競技場を除く多くの会場では再抽選、払い戻しをしないで済むと見なされた。

6　2021年5月27日付日本経済新聞「国内観客の有無　まだ決まらず」。

7　同6月16日付朝日新聞「有観客への道筋　透ける政権の思惑」。

8　同6月17日付東京新聞「五輪　観客見据え決定」。2021年5月22日付日本経済新聞「五輪医師ら確保『8割にめど』」。

9　同6月17日付下野新聞「政府筋書き、異論かわす」。

上限 1 万人であれば組織委側にとって経済的、事務的に大きな負担軽減になるとの指摘があった[10]。

　さらに一時、組織委は開会式については入場者の上限を 2 万人に引き上げることを検討していた。 1 万人だとスポンサーなど関係者で座席が埋まってしまうためというのがその理由であった[11]。開会式は IOC やスポンサーら大会関係者の来場者数が多く、 1 万人に達する関係者を「別枠」とする計画が立てられていた[12]。

　チケットについて最終的には、販売済みチケットの再抽選を行うこととし、それは全体の 1 割強にあたる開閉会式など97セッション（時間帯）となった。販売済みの五輪チケット約363万枚のうち、約91万枚を削減することとなった。開閉会式、陸上、野球、サッカー、ゴルフ、近代五種、ラグビー 7 人制、ソフトボール、サーフィンが対象となった。組織委は、IOC やスポンサーなど関係者向けの五輪チケットについて当初の170万枚から削減し50数万枚となった[13]。

　政府は東京五輪の観客について、国立競技場で行われる開会式や大規模会場を「無観客」とし、それ以外の規模の小さな会場を条件付きで「有観客」とする方向で調整に入った。「無観客」は、21時以降の夜間の競技や、収容人数の50% が5000人以上の大規模会場が対象となった。収容人数の50% までしか観客の入りが想定されておらず、改めて再抽選しなくとも感染対策がとれる競技などを想定していた[14]。

4　有観客ありきの誘導・正当化行為

　次に政府や組織委が取った政策として、有観客開催に向けた誘導・正当化

10　同 6 月18日付下野新聞「五輪ありき、命守れるのか」。
11　同 6 月21日付日本経済新聞「観客上限　きょう決定」。
12　同 6 月21日付毎日新聞「五輪開会式　入場者 2 万人」。
13　同 6 月24日付産経新聞「五輪チケット再抽選」。
14　同 7 月 6 日付朝日新聞「小規模会場は有観客」。

行為を指摘したい。この行為は、国際機関や国内の試算などを取り込み発信する形で展開された。また、その発信のタイミングも練られ、G7先進国首脳会議でのお墨付きや要人の発言、国内選手・関係者やボランティアへのワクチン提供の申し出、テスト大会における安全性や感染対策アプリのPR、スポーツドクターの確保など、多種多様に繰り出された。それはある意味で巧みな心理的誘導の政策的仕掛けであった。以下、関連の新聞報道を抽出する。

　国際通貨基金（IMF）の専務理事が、新型コロナの感染拡大で東京五輪の当初計画が縮小されたことの日本経済への悪影響は「非常に軽微だ」との認識を示した。また、仮に中止された場合も経済損失は「大きくない」と述べた[15]。

　組織委は、大会施設で活動する医師や看護師について、従来求めてきた「5日程度」の活動日数を緩和する検討に入り、原則無報酬としてきた手当も支給する方針に転換し、医療従事者が参加しやすい環境を整えるとした[16]。

　プロ野球とJリーグは計800万人を超す観客を動員しながら、それぞれ数人しか感染報告がなかった。開幕後も1万人超の観客を入れて応援時の行動分析や分散退場などをテストする実証調査が行われた。福島県立医科大の研究グループは、五輪の開会式で国立競技場に6万人入れても、対策を徹底すれば無症状の感染者1人がうつす人は0.009〜0.012人にとどまると試算した[17]。

　IOCは、東京五輪に参加する各国・地域の選手団に、米製大手ファイザー製の新型コロナウイルスワクチンを無償で提供すると発表した[18]。

　首相は「選手や大会関係者と一般人が交わらないようにする」と強調し、

15　同4月1日付下野新聞「五輪縮小、経済影響は軽微」。
16　同4月4日付日本経済新聞「五輪医師・看護師　活動日数を緩和」。
17　同4月14日付日本経済新聞「日本の防疫　安全守れるか」。
18　同5月7日付下野新聞「選手団に米製ワクチン」。

五輪相も選手の行動に関して「仕事での用務先や、競技会場、宿泊施設の3カ所以外は絶対に自由行動はない。その3カ所しか行けない状況になる」と明言した[19]。

　選手・関係者への検査件数は開会式前日の7月22日が最大となるとし、都内の選手村などに宿泊する国内外の選手だけで約6200件に上る見通しだとした。このほか主な内訳はコーチやトレーナーら約5600件、食事・清掃スタッフら約5400件、選手が立ち入るエリアで活動する人約4万件以上、メディア関係者約1万300件などとした[20]。

　組織委事務総長が、オリンピックとパラリンピックの両大会で来日する関係者の規模について、選手を除いて延期前の計約18万人から半減の9万人以下になるとの見通しを明らかにした[21]。

　東京五輪の医務室などで活動する医師を確保するため、組織委が日本スポーツ協会を通じて200人程度を募集した公認スポーツドクターに、393人の応募があり、募集数の倍近くに達したと発表された[22]。

　米国大統領報道官が、「バイデン大統領は、公衆衛生の専門家の助言に沿って安全に競技を開催しようとする菅首相の努力を支持する」と述べた[23]。

　組織委会長が、大会時に必要とする医療従事者について「おおむね全体の8割程度については（確保の）見通しが立っている」と話した。医師は1日あたり最大約230人、看護師は約310人を想定して準備を進めていることを明らかにした[24]。

　JOCは、東京五輪日本選手団に対する新型コロナウイルスワクチンの接種を6月1日から本格的に開始すると発表した。接種対象は、代表選手約

19　同5月11日付日本経済新聞「首相『安心・安全な五輪実現』」。
20　同5月12日付読売新聞「五輪検査　1日最大7万件」。
21　同5月14日付東京新聞「五輪・パラ関係者　来日半減か」。
22　同5月17日付産経新聞「五輪医師に393人が応募」。
23　同5月21日付下野新聞「関係者検査、自身で採取」。
24　同5月22日付日本経済新聞「五輪医師ら確保『8割にめど』」。

600人をはじめ、代表候補選手や監督・コーチ、サポートスタッフら計約1600人とされた[25]。

5月中旬からワクチンが本格的に流通しはじめ、6月以降には1日当たりの接種回数が大きく増えた。重症化リスクの高い65歳以上の高齢者（約3600万人）は、五輪開幕日までに少なくとも1回接種を受けるメドが立ちつつあった。6月21日からは、職場や学校単位で現役世代を対象とした接種も始まる見通しだと発表された[26]。

首相はG7で、東京五輪開催に向けた決意として、「人類の努力と英知で難局を乗り越えられることを日本から発信したい」と強調し、「強力な選手団を派遣してほしい」と要請した。首脳の一人が「全員の賛意を代表して東京大会の成功を確信している」と歓迎した[27]。

総接種回数が1日100万回を上回る日もあり、接種ペースが加速してきた。希望する人への接種について「10月から11月にかけて終える」目標を明らかにした。首相が掲げた1日100万回のペースを維持した場合、8月中旬には1回でも接種した人の割合が4割前後となり、9月中に6割を超えるとされた。海外で1回目の摂取率が4割前後に届くと、新規感染者の減少傾向が鮮明になり、ワクチン接種が進めば東京五輪の開催を歓迎するムードが国内外で高まる効果も期待できるとされた[28]。

東京五輪に向け、IOCが米製薬大手ファイザーから調達した新型コロナウイルスワクチンを新たに数万人分、日本側に無償提供する方向で最終調整していることがわかった。大会関係者向けのワクチンは、すでにIOCから2万人分の無償提供が決まっており、上積みされるとした[29]。

首相は、「高齢者に接種が進めば重症化する人が少なくなり、病床の逼迫も少なくなる。高齢者が感染しなくなれば、さほど怖くない」と語った。観

25 同5月27日付産経新聞「五輪代表接種　来月から」。
26 同6月5日付産経新聞「胸打つ首相の言葉が欲しい」。
27 同6月13日付下野新聞「首相　G7で五輪開催表明」。
28 同6月15日付日本経済新聞「首相『コロナ対策最優先』」。
29 同6月15日付産経新聞「五輪ワクチン無償追加」。

客を入れると全国で人の移動が増え、感染が広がるとの指摘に対しては、東京、神奈川、千葉、埼玉にある会場の一般チケット購入者のうち、4都県以外の在住者は26% にとどまるとのデータが公表された[30]。

　文部科学相は、メイン会場の国立競技場での感染リスクについてマスクを着用して座席の間隔を空けるなどすれば「ゼロに近い」とした上で、「科学的にも証明できた結果」と強調した[31]。

5　中止回避行為と無観客開催

　有観客ありきを前提とした政策スタンスではあるものの、これが覆される状況に陥った場合の「保険」措置として残された一択が無観客開催であった。

　世論調査によれば（共同通信社。4月10-12日）東京五輪をめぐり「開催するべきだ」24.5%、「中止するべきだ」39.2%、「再延期するべきだ」32.8% であった[32]。6月26-27時点（朝日新聞社の世論調査）では「観客なしで行うべきだ」と答えたのが64% で、「観客数を制限して行うべきだ」の30% を上回った。

　どうするのがよいかを3択で尋ねたところ、「今夏に開催」が38%、「中止」が33%、「再び延期」が27% という結果となった[33]。このように中止すべきだとの声が3－4割とかなりの程度に上った。

　有観客の有無の決定を延ばしに延ばした理由として、中止だけは絶対に回避したいという政府や組織委など主要アクターの一致した見解があったからである。政府としては、中止論が高まる前にその芽を摘んでおくには、最悪でも無観客という選択肢を残しておく必要があった。

30　同6月17日付読売新聞「事実上の宣言延長」。
31　同7月8日付毎日新聞「後手後手で事態悪化」。
32　同4月13日付下野新聞「ワクチン進捗『不満』60%」。
33　同6月28日付朝日新聞「五輪、今夏開催するなら」。

　有観客か無観客かが議論になり、政府コロナ策分科会会長の「今の状況で
やるのは普通はない」[34]との発言を世論が支持すれば、後者に追い込まれる
可能性が高くなるとの危機感が政府にあった。有観客か無観客かの二択にな
り、後者を選択しなければならなくなると、その後コロナの感染拡大など状
況が悪化すれば残りは中止しかなくなってしまう。

　要するに有観客に固執し続ければ、状況が悪化したとしても無観客で乗り
切れるとの政治的意図が中心にあったのである。政権にとって9月以降の政
権の継続こそが最も大切な目標なのであり、そのことが有観客政策対応の原
動力となった。IOC会長らの発言にしばしば見られる美辞麗句と同様、そ
こにはアスリートファーストへの尊重はなかった。

6　　東京五輪最大の「負の政策レガシー」

　無観客での開催決定から開幕まで僅か2週間の準備期間しかなくなった前
代未聞の混乱状況を招いた政府の責任は大きい。たとえ有観客であったとし
て上限の設定や会場地による観客の有無の使い分けなど、未確定なままの状
態が長く続いた。準備の現場とつながる実務を担う組織委などのスタッフと
すれば、観客の移動や動線の確保、感染・熱さ対策、行動ルール等の必要情
報の伝達・浸透など、観客数や観客の有無が決まらなければ、準備対応のし
ようがない。多くのスタッフがおそらく疲弊しきった状態で、無観客五輪運
営に従事すること自体、大きなリスクである。

　無観客に決定したからといって、チケットの払い戻し業務一つを取って
も、新たないわば後ろ向きの残務処理業務が大量に生じたことになる。ボラ
ンティアにしてもその大幅削減や伝達、さらには本来であれば運営に付随す
るはすであった細かい業務の消滅や削減などが急遽迫られることになったの
である。

34　同6月3日付下野新聞「五輪開催『何のために』」。

　有観客から無観客への土壇場での変更は、競技場内だけでなく、その周辺での関連イベントや交流スペースなどの設定変更を迫るものであった。また、有観客に伴う宿泊や飲食、購買物行動などが、開幕直前になってほぼ消滅したのである。

　ワクチン接種にすがる形で期待・楽観論を振りまき、客層、観客移動、感染対策、多競技といった点で、東京五輪には異なる対応がきめ細かく求められるはずなのに、政府はJリーグやプロ野球での実証実験の結果をことさらに強調し、有観客に向けた心理的な「安全・安心」の誘導を図った。

　2020年の夏あるいは秋の時期などもっと早い段階で、無観客開催を打ち出し、これを基本路線に国内外に説明を尽くして、本来の意味での「アスリートファースト」を目指すべきではなかったか。20年秋には感染抑止に逆効果になってしまうとの批判の声が多かったにもかかわらず、政府はGo Toトラベル・キャンペーンにこだわり続けた。この構図と21年4月以降とくに顕著となった有観客への固執とは、政権の個別事業実利最優先という点で一致している。

　大会終了後の東京五輪の評価はどのような内容となるのだろうか。おそらく開催自体を疑問視する批判的な見方も残るだろう。しかし、それと同等程度かそれ以上に、「これまでいろいろな問題があったものの、コロナ禍という大変な中で、何とか無事大会を終えて良かったし、選手からは多くの感動をもらえた」との肯定的な見方も多くなると思われる。後者の普及・浸透を政府は陰に陽に誘導するであろう。

　しかし、果たして長期的に見た場合はどうだろうか。コロナ対策よりも五輪開催が優先され、五輪ステークホルダー以外はないがしろに扱われた大会、あるいは結果としてアスリートファーストが巧みに利用された大会として位置づけられるのではないか。とりわけ、開催までの全行程プロセスにおいて、直前3カ月間の有観客固執政策は、政治が行政（とくに行政実務）の論理を歪めた「最大の負の政策レガシー」として歴史に刻まれるであろう。

第4章　東京五輪と地方創生

1　基本法、1期・2期計画と地方創生（総合戦略）

　スポーツ基本法、第1期・第2期基本計画において、とくに印象深いのが、1期計画から2期計画にかけて、地域スポーツと市場（産業）との結び付きが強固となった点である。「スポーツ基本計画　第1期と第2期（案）の数値目標の比較」（2017年2月の文科省資料）における両者の比較表を見ると、大学スポーツ、障害者スポーツ、スポーツビジネス、スポーツツーリズム、スポーツを通じた国際貢献、スポーツインテグリティが新規に盛り込まれたことが一目瞭然である。スポーツ庁の設置に伴い、障害者スポーツ（厚生労働省系列）とスポーツ国際貢献（外務省系列）などの参入はともかく、残りの三つの事項はいずれもスポーツ市場絡みである。

　当時の新聞報道でも指摘されていたように、2期計画の主眼は実のところ国による地方スポーツの市場化の後押し、仕掛け、嗾け（けしかけ）にあるのではないだろうか。そうだとすれば、基本法、1期計画、2期計画の一連の流れをその時々の政権の特徴や重要政策との関係性といった少し枠を広げた形で捉え直す必要があると思われる。

　そこで、政府の重要政策としての地方創生（第1期・第2期総合戦略）に注目し、その中身に地方スポーツ市場戦略に関わる記載の有無を確認する作業を通じて、地方スポーツの市場化をめぐる課題を明らかにしていきたい。そして最後に、総合戦略における東京五輪の位置づけについて言及する。

2　立国戦略から基本法へ

　まず、基本法、1 期・2 期計画、1 期・2 期総合戦略とその時々の政権および地方スポーツ市場政策関連のスタンスを時系列（タイムライン）で把握する（年号は西暦）。

　もともと自民党政権により「世界で競い合うトップアスリートの育成・強化」を最重要に策定に向けた取り組みが行われたスポーツ立国戦略（2010 年 8 月）は、民主党政権（2009 年 9 月 – 12 年11月）において全否定はされなかった（超党派の影響か）ものの、「新しい公共」や地域スポーツとトップスポーツの「好循環」を唄った内容に変質した。また、立国戦略には地方スポーツ市場に関わる記載はない。

　スポーツ基本法（2011 年 6 月）についても同様なことがいえる（地方スポーツの後にトップスポーツが来る順番など）。第18条にスポーツ団体とスポーツ産業事業者との連携・協力が素っ気なく書かれている。基本法も 1 期基本計画も民主党色が色濃く出ているのである。しかし、これが「法律による行政」の典型で、後々の自民党政権での地方スポーツ市場戦略につながっていく。

3　1 期計画から 2 期計画へ

　1 期計画（2012 年 3 月からの 5 年間）の中に初めて「スポーツツーリズム」が登場する。ただその文脈は、あくまでも国・自治体が大学・スポーツ団体・企業と連携して、スポーツツーリズムや観光によるまちづくり（＝地域スポーツ）の人材・コーディネーターの活用であり、スポーツツーリズムそのものが有望な市場といっているわけではない。

　当時、観光庁で盛んに論じられていたこととの平仄を合わせると同時に、教育官庁としての打ち出しを意識した記載であるようにも思われる。「地域スポーツコミッション」についても同様で、あくまでも行政、企業、スポー

ツ団体の「連携組織」（＝地域スポーツコミッション）が、「スポーツを地域の観光資源」とした地域づくりを行ってほしいと位置づけている。

　当時の民主党が政権末期に近づきつつある時期であったことを差し引いても、1期計画にはスポーツ市場に価値を置く考えは見られない。かろうじてその萌芽が感じ取れるのみである。

　ところが、2期計画（2017年3月からの5年間）ではそれが一変する。先述したように、1期計画の継承は多々あるものの、新たな力点が明確に盛り込まれるようになった。その代表格が「スポーツツーリズム」などをキーワードとする地方スポーツ市場戦略である。

　2期計画が策定されたのは、自民党政権（2012年12月－：安倍政権12年12月－20年9月。菅政権20年9月－21年9月：岸田政権21年10月－）以後、4年以上が経過した時期であった。

4　2期計画における地方スポーツ市場戦略

　2期計画では、「好循環」について定義変えが行われた。「スポーツの成長産業化」→「その収益をスポーツ環境の改善に再投資」→「スポーツ参画人口の拡大」が好循環の意味なのであり、そのことが「地域経済の活性化など地方創生に貢献する」とした（2期計画5頁）。

　そのための具体的な目標数値が打ち出された。「スポーツ市場規模5.5兆円を2020年までに10兆円、2025年までに15兆円に拡大することを目指す」（同21頁）としたり、「国は、プロスポーツを含めた各種スポーツ団体と連携した新たなビジネスモデルの開発の支援を通じ、地方公共団体及び民間事業者等によるスタジアム・アリーナ改革を通じたまちづくりや地域スポーツ振興のための取組を促進」（同21頁）したりといった記載がそれであった。

　さらには、「地域スポーツコミッションの設立を促進し、スポーツ目的の訪日外国人旅行者数を250万人程度（2015年度現在約138万人）、スポーツツーリズム関連消費額を3800億円程度（同年度現在約2,204億円）、地域スポーツコミッ

ションの設置数を170（2017年1月現在56）に拡大することを目指す」（同22頁）
とした。

　2015年10月に設置されたスポーツ庁の第一義的な役割は、それまで厚労
省、観光庁（国交省）、経産省、外務省などが担っていた従来のスポーツ関連
行政を一つに束ねる官庁機能を果たそうとしたことである。しかし、まずは
2020年東京五輪の開催と連動した施策事業以上に、地方創生に直結する地方
スポーツ市場戦略を特だしで強力に表明した点に注目したい。

5　1期総合戦略における地方スポーツ市場戦略（隆盛期）

　総合戦略と地方スポーツ市場戦略との関係性についてはどうであろうか。
三本の矢（金融緩和、財政出動、成長戦略）を柱とする地方版アベノミクス
（ローカル・アベノミクス）は、毎年改訂が重ねられてきたところの政権の金看
板政策であった。第1期総合戦略（2014年12月−2020年3月）と第2期総合戦略
（2020年4月―）ついて、地方スポーツ市場戦略に関わる主な記載を抽出する
と、以下の表1のようにまとめられる。表を見ると、総合戦略における地方
スポーツ市場関連の記載が量と質において大きく変容してきたことがわか
る。

　1期総合戦略では「スポーツを通じたGDPの拡大」に始まり、スポーツ
が「未来投資会議」や「地域未来牽引事業」に組み込まれ、「スポーツツー
リズム」が「地域スポーツコミッション」事業に位置づけられ、さらに「ス
ポーツを核とした地域活性化」が強調された。

　また、地域開発におけるスタジアム整備や地域経済の牽引役としての「ス
ポーツ未来開拓プラン」が提示された。加えてスポーツツーリズムの推進役
に大学が名指しされた。このあたりが地方スポーツ市場戦略の隆盛期であっ
た。

表1　地方創生（総合戦略）と地方スポーツ市場戦略

2014年12月 （第1期総合戦略）	なし（5回）
2015年12月改訂版 （第1期総合戦略）	・スポーツ施設の多面的な活用を含むスポーツに関する産業振興等により、地域経済を活性化させ、**スポーツを通じたGDPの拡大**」（35頁）。（14回）
2016年12月改訂版 （第1期総合戦略）	・未来への投資の主役は地方であり、農業、観光、**スポーツ**、中小企業等の分野を中心に「**未来投資会議**」と連携し、ローカル・アベノミクスの深化に取り組んでいく（7頁）。 ・**地域未来牽引事業**の特徴は、①第4次産業革命、②**スポーツ**・観光や医療・介護・教育など公的サービス、③先端ものづくり（航空機、医療機器等）などのこれから伸びる分野に挑戦し、地域の関係者（地方公共団体、関係事業者、地域金融機関等）を巻き込んだ戦略的かつスピーディーな事業展開を実施することにある（40頁）。 ・「**地域スポーツコミッション**」等が行う地域の独自性の高い**スポーツツーリズム**の開発、イベントの開催、大会・合宿の誘致などの活動の一層の促進、スポーツ施設の魅力・収益性の向上に向けた指針の策定等を通じたスポーツに関する産業振興等により、**スポーツを核とした地域活性化**を進め、スポーツを通じたGDPの拡大を目指す（44頁。**2017年12月改訂版、2018年12月改訂版にも同じ記載**）。（18回）
2017年12月改訂版 及び2018年12月改訂版 （第1期総合戦略）	・サービス生産性を向上させるためには、事業者や消費者が集中する地域をつくり上げる必要がある。そのため、**スタジアム・アリーナ**等を地域の賑わい・交流の核として**スポーツ観戦**や飲食業、宿泊業、観光業など複合的な機能を提供するような**地域開発**を進める。具体的には、スタジアム・アリーナ改革による地域交流拠点の創出や、施設の効率的な整備・運営に向けた民間活力の導入促進、**地域未来投資促進法**の活用等を通じた地域経済を牽引する地域ぐるみ事業への集中的支援等を行う「**スポーツ未来開拓プラン**」を推進し、関係者が一体となって魅力ある地域づくりを進めていく（33頁。2018年12月改訂版にも同じ記載）。 ・豊富な**スポーツ資源**（学生アスリート、研究者、指導者等の人材や施設等）を持つ**大学**において、全学的にスポーツ分野の取組を一体となって行う部局やその人材の配置を促進し、スポーツイベントの開催やスポーツ合宿を活用した**スポーツツーリズム**の推進等を通じて、地域コミュニティの活性化を図る（48頁。2018年12月改訂版にも同じ記載）。（25回）・（24回）
2019年12月及び 2020年12月改訂版 （第2期総合戦略）	・プロスポーツチーム等が有する情報発信力、ひとや企業をつなげるハブ機能などのリソースと他産業が有するリソースの融合により新たな財・サービスの創出を目指す**地域版スポーツオープンイノベーションプラットフォーム（SOIP）**の構築を促進する（79頁。2020年12月改訂版にも同じ記載）。（153回）・（161回）
2021年6月 総合戦略基本方針	・感染症の影響下でも実施可能な「**アウトドアスポーツ**」や、感染症の収束後を見据え、日本特有の「**武道**」を活かした**スポーツツーリズム**のコンテンツ整備等を支援するとともに、スポーツによるまちづくりの主体である「**地域スポーツコミッション**」の設立・発展を促進し、それらが取り組む**スポーツツーリズム**等を推進する（67頁）。（18回）

資料：各年の総合戦略と2021年6月の基本方針から作成。
注：各々の総合戦略の全文を対象に「スポーツ」で検索をかけ、地方スポーツ市場に関わる記載を抽出した（上記表のカッコ内数字は「スポーツ」の登場回数。表中の太字は筆者）。

6　2期総合戦略における地方スポーツ市場戦略の消滅

　これが2期総合戦略では大きくトーン・ダウンする、というよりはほぼ消滅した。「地域版スポーツオープンイノベーションプラットフォーム（SOIP）」といった新語はともかく、「スポーツ」の登場回数の急激な増加（その内容は基本的にアベノミクスとは接点のないスポーツ活動支援事業）に反比例するかのように、地方スポーツ市場戦略に関する記載はほぼ見られなくなった。その傾向は直近の基本方針でも変わらず、もはや矮小化された意味合いでの地域スポーツコミッションやスポーツツーリズムがおざなりに残存するのみとなったといえる。

　立国戦略、基本法、1期・2期計画、1期・2期総合戦略における地方スポーツ市場戦略を民主党政権、安倍・菅政権、さらにはスポーツ庁、東京五輪、コロナ禍との絡みで見た場合、明白なのは、地方スポーツ版アベノミクスが従来の地方スポーツ政策を押しのけるかのように盛り込まれた点である（2期計画と2016年・17年の1期総合戦略）。そこには東京五輪開催（＝アベノミクスの総仕上げ）による国内外の観戦客の呼び込みや運輸や宿泊、収益イベントなどを通じて、五輪関連市場活況の果実を地方へも浸透させようとする、あたかも熱に浮かされたかのような政権の狙いがあった。

7　基本法18条への先祖返り

　基本法制定後の10年間の地方スポーツ市場戦略は皮肉にも政権の思惑が交錯した産物として変容し続けた。準備段階では自民主導の立国戦略であったはずが、民主主導の生涯・トップスポーツの好循環となり、こうした政策スタンスは基本法では淡泊な条文（18条）と、漠としたスポーツツーリズムや地域スポーツコミッションの記載（1期計画）に反映された。これらはスポーツ市場戦略といえる類のものでなかった。

　それが「国難突破」などを掲げ、選挙も含め矢継ぎ早な仕掛けを繰り出す安倍政権となり、今度はローカル・アベノミクスのスポーツ版である地方スポーツ市場戦略が2期計画に盛り込まれた。ここにきて当初のスポーツツーリズムや地域スポーツコミッションの意味合いは大きく変わったのである。

　そのことは地方創生（総合戦略）にも色濃く反映された（2016・17・18年の改訂版）。2期計画というスポーツ政策分野の個別計画よりも、地方の政策全体を取り扱う総合戦略の中での地方スポーツ市場戦略の方が、より踏み込んだ記載となった。「改訂」という計画変更を毎年可能としたことを差し引いても、個別計画と総合計画の逆転現象が生じたのである。

　ところが、コロナ禍が顕在化する直前（19年12月）の2期総合戦略でもコロナ禍真っ只中の20年12月改訂版でも、SOIPという新語は登場するものの、地方スポーツ市場戦略はほぼ消え去ってしまった。実現性を疑問視した政権による放棄、あるいは東京五輪をめぐる不祥事などスポーツ界に向ける人々の批判に対する弥縫策、もしくはコロナ対策に忙殺された政権が地方スポーツ市場戦略に目を向ける余裕がなくなった、いや、こうした三つの要素が混成した政権対応の帰結と捉えるのは邪推であろうか。

　そして、もう一つ大きなうねりがあった。上記二つの総合戦略（19年12月と20年10月改訂版）において地方スポーツ市場戦略以外の地方スポーツのあり方がとくにスポーツ庁の参事官、健康スポーツ課、政策スポーツ課から、コロナ禍の状況下だけではなくコロナ禍後を見据えた形で質と量を十分に伴った形で提示されたのである。その意味では、スポーツ庁は設置後4年を経て初めて、市場偏重ではない公共性を重要視した包括的かつ個別具体的な地方スポーツ事業を提示したことになる。

　その背景には、政権の力点が地方スポーツ市場戦略よりも東京五輪の開催そのものに置かざるを得なくなり、いわば追い込まれた状況の中で、結果的に地方スポーツ政策をめぐるスポーツ庁参事官（地域担当・民間スポーツ担当）、健康スポーツ課、政策課の危機感の反映、巻き返し、復活・復権があったのではないかと推察される。

　視点をもう少し広げれば、官邸政治のもと、2015年の新国立競技場の建設
費高騰問題でつまずいた日本スポーツ振興センター・文科省さらにはスポー
ツ庁（政権主導での建設計画白紙撤回が15年 7 月。スポーツ庁の設置はその直後の同年
10月）の東京五輪をめぐる省庁間関係での相対的地位の回復・復権を 4 年間
かけて果たしたことを意味する。

　基本法18条との関係でいえば、10年を経て先祖返りしたこの条文の意義を
再確認する作業から始めてはどうであろうか。その際、何よりも地方スポー
ツ版アベノミクスの功罪についての検証が不可欠であるように思われる。

8　総合戦略と東京五輪

　地方創生（総合戦略）に東京五輪はどう関連付けられているのか。表 2 は
関連の記載を抽出したものである。

　総合戦略における東京五輪の記載を見ると、「2015年12月改訂版」での表
記を起点に、同じ内容が使い回され、「2018年12月改訂版」では、それ以前
の二つの総合戦略における記載を合わせた内容となっている。コロナ禍の様
相が出つつあった「2019年12月版」では、スポーツ・レガシーと地方創生を
結び付ける記載と、ホストタウンを大会参加国との交流に活かす記載が新た
に加わった。しかし、コロナ禍における「2020年12月改訂版」では、新たな
記載は、ホストタウン交流と経済活動とをつなげる内容のみで、開催直前の
「総合戦略基本方針」ではその記載すら削除された。コロナ禍に直面したこ
とで、総合戦略における東京五輪の記載はほぼ消滅に近いものとなったとい
える。

表2　地方創生（総合戦略）と東京五輪

2014年12月版 （第1期総合戦略）	・「東京五輪開催を前に、東京一極集中と地方からの人口流出はますます進展」
2015年12月改訂版 （第1期総合戦略）	・「東京五輪に向け大々的に実施する文化プログラム」(a) ・「東京五輪に向け文化プログラムを全国津々浦々で展開」(b) ・「東京五輪ムーブメントの波及によるスポーツを地域資源とした地域活性化を推進」(c)
2016年12月改訂版 （第1期総合戦略）	・上記(a)、(b)、(c) ・「2017年以降、木材需要の拡大を図るため、2020年東京五輪も見据え」(d)
2017年12月改訂版 （第1期総合戦略）	・上記(a)、(b)、(c)、(d) ・「東京五輪を契機として、ユニバーサルデザインの社会づくり（心のバリアフリー、まちづくり）を推進」(e)
2018年12月改訂版 （第1期総合戦略）	・上記(a)、(b)、(c)、(d)、(e)
2019年12月版 （第2期総合戦略）	・「東京五輪を一過性のイベントとして終わらせず、各地域が特色ある『スポーツ・レガシー』の構築を進めることが重要であり、これにより新たな地方創生の活路を拓ひらく」(f) ・上記(b) ・「東京五輪を契機に来訪する大会参加国・地域と地方公共団体が人的、文化的、経済的交流を行うホストタウンの取組を推進」
2020年12月改訂版 （第2期総合戦略）	・上記(f) ・「東京五輪におけるホストタウン交流で培った関係を大会後も継続・発展させることを念頭に、（省略）地方と相手国との経済活動の活性化を実現」
2021年6月 総合戦略基本方針	・上記(f)

資料：各年の総合戦略と2021年6月の基本方針から作成。
注：各々の総合戦略の全文を対象に「オリンピック」で検索をかけ、直接に関わる記載を抽出した。なお、表中では東京五輪と記載し、総合戦略の注釈の記載は除いた。省略は筆者。

第5章　東京五輪のコロナ禍・無観客開催

1　コロナ禍の東京五輪開催

　2020年東京オリンピック・パラリンピック大会（東京五輪）[1]が開催された2021年7月下旬から9月上旬（オリンピックが7月23日‐8月8日、パラリンピックが8月24日‐9月5日。以下、記載・考察の対象は主としてオリンピックとして、それを「東京五輪」と記す）は、7月に入ってからの感染者の急増と相俟って、新型コロナウイルス[2]が猛威をふるう期間と重なった。

　東京五輪の開催自体が危ぶまれ、報道機関も含め開催の是非をめぐる世論

1　五輪夏季大会は1964年の東京大会以来、57年ぶり2度目で、2021年8月8日の閉会式までの17日間、史上最多の33競技339種目を実施した。不参加となった北朝鮮を除く205の国・地域（ロシアは個人資格での参加）と難民選手団を合わせて約1万1000人の選手が参加した。東京と埼玉、千葉、静岡の3県にある計21会場で開かれた。180以上の国・地域から約4400人の選手が参加した。東京パラリンピックは東京、千葉、埼玉、静岡の4都県で22競技539種目が実施された。168カ国・地域が出場枠を獲得し、史上最多となった。日本は史上最多だった前回2016年リオデジャネイロ五輪の41個（金12、銀8、銅21）を上回る58個（金27、銀14、銅17）のメダルを獲得した（2021年7月24日付朝日新聞「東京五輪　コロナ下の開幕」、同年8月7日付日本経済新聞「パラ開催　強まる無観客論」、同年8月14日付毎日新聞「パラ　首都圏無観客」、同年8月9日付毎日新聞「日本　金27個　史上最多」より）。
2　本章が対象とする期間に関わる緊急事態宣言とまん延防止等重点措置の期間は以下のとおりである。4度目の新型コロナウイルスの緊急事態宣言が2021年7月12日、東京都に発令された（8月22日まで）。沖縄県の宣言と、埼玉、千葉、神奈川、大阪に出されていた4府県のまん延防止等重点措置も同じ期限で延長された。7月30日、まん延防止等重点措置を適用中の埼玉、千葉、神奈川、大阪の4府県に緊急事態宣言を発令する方針を決定した。北海道、石川、京都、兵庫、福岡の5道府県には、まん延防止等重点措置を適用するとした（いずれも期間は8月2日から31日まで）。東京都と沖縄県への宣言の期限も8月22日から31日に延長するとした。この時点で宣言地域は6都府県、まん延防止措置の適用は5道府県に拡大した（2021年7月13日付産経新聞「五輪準備　勝負の10日間」、同年7月31日付毎日新聞「緊急事態　4府県追加」より）。

の分断の中で、政府、大会組織委員会（組織委）、東京都、IOC（国際オリンピック委員会）はあくまでも開催を前提とし、国内観戦客の競技場入場に固執し続けた。その帰結が開幕まで2週間となった時点での無観客開催の決定であった。

　緊急事態宣言あるいはまん延防止等重点措置のもとでの大会開催は、選手や関係者をある種の戒厳下に置くかのような、「徹底した感染対策」のもとで実行に移された。開催期間中の競技の中止や中断こそ免れたものの、酷暑におけるプレーに抗議する選手の続出や、マラソンなど突然の競技開始時間の変更が行われた[3]。

　コロナ禍という危機の真っ只中での東京五輪開催には、その余波の影響も含めてどのような特質が見出されるのであろうか。コロナ危機の開催の強行は、大会が一応は終了したことをもって、成功と評価されていいのだろうか。

　とくにこの世界的大規模スポーツイベントのまさに巨大な果実を得ようと動いた、政府を含む利害関係者にとって大会そのものがむしろ誤算の続出ではなかったのか。「徹底した感染対策」一つを取っても、危機状況における関係組織間の連携は適切であったのか。随所に機能不全現象が顕在化したのではないか。

　本稿では、とくに東京五輪期間におけるコロナ危機下の関係機関の相互作動や対応システムの動態に注目し、関連の文献研究から得られた知見を紹介し、それと新聞報道から得た開催の断片的実際とを絡ませながら、五輪大会運営というある種の国家政策の実施が適切に遂行されたのか否かを考察す

　3　テニスでは、気温30度を超える炎天下での試合開催にトップ選手から不満が相次ぎ、大会期間中に試合開始を午前11時から午後3時に変更し、第2セットと第3セットの間に10分間の休憩が取れる特別ルールを導入した。サッカー女子決勝も、対戦するカナダとスウェーデン側からの要望で、試合開始を午前11時から午後9時に変更。暑熱対策で東京から札幌へ会場を移したマラソンも、女子のスタートを1時間早めて午前6時開始とした。サッカーとマラソンは開催の前夜に急きょ変更された。無観客が幸いして変更できたが、観客を入れることになっていたら、大きな混乱につながる事態だった、との指摘もある（2021年8月9日付読売新聞「猛暑課題残す」）。

る。こうした検証作業から東京五輪作動システムにおいて生じた機能不全現象を浮き彫りにしたい。

2 コロナ対応組織のあり方

　イルビン（Irving Yi-Feng Huang）によれば、台湾の「中央感染指令センター」（CECC = Central Epidemic Command Center）のトップはセンター長（厚生大臣）と副センター長（副大臣）で、情報部（Intelligence Section）、実施部（Operation Section）、ロジスティック部（Logistics Section）の三部門から構成される。情報部は感染情報の1グループ、実施部は国境安全保障、社会感染統御、公衆衛生対応の3グループ、ロジスティック部は資源調整、調査・研究開発、情報管理、行政機関、広報の5グループで構成された[4]。

　スティーブン（Steven van den Oord）らは、ベルギーのアントワープ港湾局の新型コロナウイルス防御システムの作動に注目し、港湾局の危機管理チーム（the crisis management team）と統率チーム（the leadership team）との相互リンクのネットワーク構造の特徴を実証的に提示した。

　APA（the Antwerp Port Authority）は危機管理の観点から、コロナ制御に関わる情報提供、意思決定、共感の重要性を認識するようになった。政策と執行の両方において、APAは情報の提供・解釈・統合を捕捉した。コロナ管理の中枢であった情報は様々な通信手段によって提供された。APAは国内外の連携者を確保するためにウェビナーさえも組織化した。しかし、ほとんどのケースでは、情報のフィードバックやアップデートはAPA内部において行われた。

　もう一つの重要課題は、APAが港湾コミュニティ内で、どのように集合的な焦点を展開できるかであった。APAはそのロジスティック境界を超え

4　Irving Yi-Feng Huang, "Fighting COVID-19 through Government Initiatives and Collaborative Governance: The Taiwan Experience" *Public Administration Review*, (2020), Volume80, Issue4, 667.

て協力を得るために産業界、港運業界、利害関係者、警察署、消防署、保健局、関係自治体との間で政策設定のための協議の場を持った[5]。

3　コロナ禍における東京五輪組織機能の急変容

　台湾の「中央感染指令センター」とアントワープ港湾局について、前者は国家的コロナ対応から生まれた組織の事例であり、後者は既存組織にコロナ対応機能が付与された事例である。両組織に共通するのは、新型コロナウイルスの感染拡大に対応するための、その意味では一つの緊急時対応組織としての役割が求められた点にある。

　一方で、組織委や政府など東京五輪の主要な関係機関は、こうした一枚岩的な危機対応（マクロ危機対応）に加えて、開幕直前での無観客開催という危機対応（ミクロ危機対応）に追われることとなった。前代未聞の緊急の二乗、すなわち「緊急時×緊急時」対応が迫られたのである。

　コロナ禍での開催準備において、アントワープ港湾局が有したような「相互リンクのネットワーク構造」は存在したのであろうか。組織委や政府は「コロナ管理の中枢としての情報」の把握ができたのであろうか。さらには、他の関係組織と「政策設定のための協議の場」を持ち、「集合的な焦点を展開」することはできたのであろうか。

　以下、開幕直前での無観客決定やコロナ感染状況に翻弄された、組織委や政府など中核関係組織機能の急変容を示す諸事例を抽出・提示する。

　東京五輪期間中、約5万9900人の警察官の警備体制（このうち東京では、派遣組の約1万1600人を含む約3万6500人）については大きく変わらないとしたが、大会前後の期間を含めて全体で60万1200人を動員する予定であった民間

5　Steven van den Oord,Niels Vanlaer,Hugo Marynissen,Bert Brugghemans,Jan Van Roey,Sascha Albers,Bart Cambré,Patrick Kenis, "Network of Networks: Preliminary Lessons from the Antwerp Port Authority on Crisis Management and Network Governance to Deal with the COVID-19 Pandemic" *Public Administration Review*, (2020), Volume80, Issue5, 889.

警備員については、無観客開催を受けて配置見直しが迫られた[6]。

　観客数は救護所の医療、警備員の人員、売店の仕入れなど、様々な要件を決める上で不可欠の要素であり、組織委は年明けの段階から、政府に「できるだけ早く、決めて欲しい」と要望していた。しかし、2021年5月から7月にかけて、有観客の「上限1万人」「5000人」と「無観客」の間で揺れ動き、首都圏1都3県の無観客が決まったのは、大会開幕が2週間前に迫る7月8日であった。「上層部や政治家が右から左へと方針を変えたり意思決定したりするのは簡単。でも、その下にいる現場の私たちは、振り子の球のように、右から左、左から右へと大きく振り回されるばかりだ」（組織委職員）との指摘があった[7]。

　組織委は7月21日、同23日の国立競技場での開会式へ出席する大会関係者が約950人（内訳はIOC幹部や各国と国際競技連盟の代表ら海外関係者は約800人。政府・都・組織委など約150人）になると公表した[8]。

　都は同月23日、東京五輪の期間中、観客の道案内などを担当する予定だった3万人規模の「都市ボランティア」について、延べ8000人程度に縮小すると発表した。すでに5890人が新型コロナウイルスの感染拡大などを理由に参加を辞退し、残る約2万5000人のうち、延べ約8000人については、羽田空港に到着する選手の案内や、開会式後に臨海部に設置する聖火台周辺で密集回避の呼びかけなどにあたるとした[9]。

　組織委は7月27日、全42会場中20会場について、7月3日からの1カ月間で約13万食のスタッフ向け弁当が廃棄され、廃棄率は25%だったと発表した。開幕前から五輪序盤は需要予測を誤ることもあり、7月23日の五輪の開会式では、発注した1万食のうち4000食が廃棄されるなどした[10]。

　組織委は8月9日、コスト削減や簡素化、コロナ対策のため、起用したパ

6　2021年7月17日付産経新聞「五輪警備　史上最大6万人」。
7　2021年7月18日付朝日新聞「すべて異例　後手に回った東京五輪」。
8　2021年7月22日付読売新聞「開会式出席　関係者950人」。
9　2021年7月24日付読売新聞「都市ボランティア　縮小」。
10　2021年8月28日付朝日新聞「五輪会場　廃棄13万食」。

フォーマーの人数が当初の想定の約4分の1となったことを明らかにした。開会式では800人程度の起用を見込んでいたが、約200人にとどめざるを得なかったといわれた[11]。

　以上のように無観客への直前変更により、警備や医療の体制、販売上の仕入れ、開会式出席者やパフォーマーの削減、ボランティアの役割変更と削減、大量の弁当廃棄など、まさに「緊急二乗」状況への即応が迫られたゆえの特異性が生じたのである。

4　デジタル技術使用の均衡点

　トルイ（Trui Steen）らによれば、新技術が果たす役割をめぐる問題がある。新技術は共同生産（coproduction）を推進するとして歓迎されるにもかかわらず、それは確実性に欠ける。実際、その逆も真なり、である。デジタルツールは働き方を変える。同様に、私たちはデータ管理やセンサーによる読み取りを通じ集権化された監視やコントロールが、公衆衛生のためと称して、突然他の諸制限の適用を正当化してしまう事態を目にするのである。技術革新は、効率化を拡大させる機会を提供する。しかし、いったん直近の危機対応（the immediate crisis response）が過ぎ去ると、集権化や支配の強まる意思決定構造を拒否して、人々はデータを自ら制御できなくなることを恐れ、技術革新に抵抗する。コロナ禍対応やコロナアプリをめぐる議論は、自発的な共同生産と強いられた共同生産との間の緊張を浮き彫りにし、監視と個人情報保護の問題を生じさせ、そのような議論を政府が支配するケースがしばしば生じる。デジタルの共同生産をめぐり、政策決定者がアプローチにおけるトップダウンとボトムアップの均衡点を見出すことが必要である[12]。

　コロナ禍がなければ、東京五輪はデジタル新技術顔見せの絶好の機会と

11　2021年8月10日付産経新聞「開閉会式の演者　想定の4分の1」。

12　Trui Steen,Taco Brandsen, "Coproduction during and after the COVID-19 Pandemic: Will It Last?" *Public Administration Review*, (2020), Volume80, Issue5, 854.

なったはずであった。しかし一方で、トルイらが指摘したように、コロナ禍に直面したからこそ、「コロナアプリ」が導入され、選手村に代表される東京五輪の空間は、「監視と個人情報保護」のせめぎ合いの場となるかに思われた。しかし、実際には、感染防止最優先のトップダウン・アプローチはボトムアップ・アプローチとの均衡点どころか、前者が後者を駆逐するかのような監視空間となった。さらにこうした選手村監視・隔離空間を、選手や関係者は唯々諾々とまではいえないものの、従順に従わざるを得ない環境に身を置くこととなった。

　ところが、選手村の外ではそうはいかなかった。随所で感染防止策の綻びが明らかとなった。空港での検査、キャンプ地やホストタウンへの移動時や選手村以外での滞在地での感染防止を徹底することは、国内で感染が拡大する中、そもそも現実的には不可能に近かったのである。

　また、選手村がいかに監視され隔離されていようと、東京五輪遂行のための関係者の出入りを止めることはできないがゆえに、そこからの感染の綻び現象が生じた。選手・関係者の感染者（陽性者）拡大をどうしても避けたい組織委や政府は、感染抑制状況が安定的に継続している、との過剰なPRを出し続けなければならなくなった。

5　感染対策の歪み

　そこで以下、感染状況の推移と対策の中身に注目して、東京五輪閉幕（8月8日）までの選手・大会関係者の感染状況の動きを追うこととする。

　組織委は7月15日、新型コロナウイルス感染者の濃厚接触者と判断された選手について、試合直前のPCR検査で陰性の場合は出場を認める方針を固めた[13]。組織委によると、7月18日までに来日した海外選手・関係者は計約2万2000人であった。このうち空港検疫を含む計23人の感染が確認され、7

13　2021年7月16日付読売新聞「濃厚接触の選手　出場可」。

月19日にも新たに海外関係者2人の感染が判明した[14]。

　組織委は7月22日、新たに12人の陽性者を公表した。そのうち選手2人について、国内オリンピック委員会（NOC）が公表済みのチェコの卓球選手とオランダのスケートボード選手だと認めた。7月1日以降、組織委が公表した陽性者は87人となった。組織委はまた、五輪とパラリンピックの期間中、競技会場や選手村などで計7000人の医療従事者の協力を得ると発表した。選手や関係者を運ぶ指定病院は、競技会場のある自治体を中心に計29病院になったと公表した[15]。

　組織委は7月23日、新型コロナウイルスの検査で新たに選手3人を含む19人が陽性になったと発表した。7月1日に発表を始めて以来、1日の人数としては最多となり、累計の陽性判明者は106人となった[16]。

　競技直前に陽性判定が出た場合の濃厚接触者の特定方法や参加可否、実際には陰性なのに陽性と判定される「偽陽性」だった場合の対応などは公表されず、あいまいなまま、と批判された[17]。

　組織委は7月24日、新型コロナウイルスの検査で新たに選手1人を含む17人が陽性になったと発表した。累計の陽性判明者は123人となった。発表によると、17人のうち国内在住者は14人で、海外在住者は3人であった。このうちの1人は選手村に入っていた大会関係者であった[18]。

　組織委は7月28日、資格認定証を持つ国内外の16人が新型コロナの検査で陽性と判明したと発表した。感染者の累計は169人となった[19]。

　組織委は7月29日、資格認定証を持つ国内外の24人が新型コロナウイルスの検査で陽性と判明したと発表した。累計は193人となった。24人のうち選手は3人だった[20]。

14　2021年7月20日付産経新聞「コロナ『五輪変異株』警戒」。
15　2021年7月23日付朝日新聞「陽性者の氏名、各国委公表を追認」。
16　2021年7月24日付朝日新聞「東京1359人感染　全国では4225人」。
17　2021年7月24日付朝日新聞「感染対策なお綱渡り」。
18　2021年7月25日付朝日新聞「選手ら五輪関係　新たに陽性17人」。
19　2021年7月29日付朝日新聞「五輪関係者16人　新たに陽性判明」。

　組織委は 7 月30日、五輪に参加する選手や関係者への新型コロナウイルス検査で新たに27人が陽性になったと発表した。 1 日あたりとしては、組織委が公表を始めた 7 月 1 日以降で最多となった。陽性者の内訳は選手 3 人のほか、ボランティアと大会関係者が各 4 人、メディアは 1 人、警備や清掃、物品購入などの業務委託先のスタッフは15人だった。来日関係者は 9 人、国内在住者が18人だった。選手 2 人と大会関係者 1 人の 3 人は選手村に滞在していた。陽性者は、30日までの組織委と政府発表の累計225人となった。競技会場や選手村を出入りする業務委託先が110人と半数を占めた[21]。

　組織委は 8 月 1 日、 7 月 1 日から運用している新型コロナウイルス対策の規則集「プレーブック」などに違反したとして、同月31日までに選手と関係者計28人を大会参加資格の剥奪や一時停止、厳重注意処分にしたと明らかにした。28人のうち、 6 人について大会参加に必要なアクレディテーション（資格認定証）を剥奪した。観光目的で選手村から外出したジョージアの男子柔道 2 選手 2 人と、開幕前に麻薬取締法違反容疑で警視庁に逮捕された米国籍の男ら外個人スタッフ 4 人であった。資格認定証の一時的な効力停止は 8 人、厳重注意氏誓約書の提出を受けたケースが 4 人、厳重注意は10人だった[22]。

　組織委は 8 月 4 日、これまでにギリシャのアーティスティックスイミング（AS）の選手ら 5 人が新型コロナウイルスの検査で陽性となったと発表した。組織委は「クラスター（感染者集団）と言わざるを得ない」と大会関係者で初のクラスターが発生したとの認識を示した。ギリシャはデュエットとチームの両種目を欠場するとした。組織委はこの日、選手 4 人を含む大会関係者29人の陽性を発表した。事前合宿で来日した選手らを除く大会関連の陽性者は 7 月 1 日以降で計322人になった[23]。

20　2021年 7 月30日付朝日新聞「五輪関係者　新たに24人陽性」。
21　2021年 7 月31日付日本経済新聞「五輪関係者感染　海外の目厳しく」。
22　2021年 8 月 2 日付日本経済新聞「選手ら違反　28人処分」。
23　2021年 8 月 5 日付産経新聞「大会初の『クラスター』」。

　組織委によると、事前合宿で来日した選手らを除く大会関連の陽性者は7月1日以降で計430人となった。この間、空港での検査が約4万3000件、スクリーニング検査は約62万4000件行われ、陽性率はそれぞれ0.1%を下回った[24]。

　感染防止策の指針「プレーブック」の適用が始まった7月1日から8月6日まで、組織委は大会関係者に約62万4000件の検査を行い、陽性者は138人、陽性率は0.02%だった。海外から約4万3000人の関係者が来日し、空港での検査の陽性者は37人、陽性率は0.09%。入院した人は3人で、重症者はいなかった。来日後の検査で陽性と判明するなどコロナの影響で出場できなくなった選手は19人であった。プレーブック違反で処分した関係者は32人にとどまった。大会参加に必要な資格認定証の剥奪が8人、認定証の一時効力停止が8人、厳重注意が16人であった[25]。

　組織委は8月8日、大会関連で26人が新たに新型コロナウイルス検査で陽性になったと発表した。大会関連の陽性者は7月1日以降で累計436人となった[26]。選手の陽性者は32人でいずれも海外勢だった[27]。

　東京五輪が大きなアクシデントがなく終了したことと、膨大な検査数における陽性率の低さを強調することで、開催自体をレガシーと捉える報道もあった。しかし、陽性者の絶対数でいえば、国内の感染拡大に比例する形で、選手・関係者の間でも感染は増加したという見方が正鵠を射ているのではないだろうか。

6　ネットワークにおけるトレードオフとバランス

　デビッド・グリズル（David Grizzle）らによれば、新型コロナウイルス危機

24　2021年8月9日付産経新聞「橋本会長『大きな問題なく閉幕』」。
25　2021年8月9日付読売新聞「コロナ対策　機能」。
26　2021年8月9日付日本経済新聞「大会関連の感染　累計で436人」。
27　2021年8月9日付日本経済新聞「祭典に第5波、薄氷の対策」。

により、管理ネットワークを通じた多様なリソースと調整を動員することが求められるようになった。コロナ対策には、医療当局だけでなく、危機管理機関、自治体、法的執行機関、企業の関わりが不可欠であり、行政、民間企業、非営利組織が関わるネットワーク対応が必要とされる。また、多様なネットワークを支える重要な秘訣がある。ネットワークに助言を与える様々な専門知識を持つ多様な参加者の採用がそれである[28]。

　ルイーズ（Louise K）らは、コロナ危機対応における意思決定の基本機能として、認知、コミュニケーション、調整、制御の四つを挙げた。

　ここでいう認知とは、「コミュニティが直面する新たなリスクの程度を認識し、その情報にもとづいて行動する能力」を指す。認知を共有するという基本的要素があって、危機意識を共有する他者との人的なつながりが形成され、当該コミュニティ全体の利益に向けた集団的行動が活性化する。社会的相互作用の抑制により、ウイルスの感染拡大を遅らせることができる一方で、社会を機能させるところの学校の休校、旅行の自粛、商業・文化活動の休止という厳しいトレードオフが生じるのである。

　リスクの可能性や合理性についてのエビデンスにもとづく緩和策についての共通理解など、コミュニケーションは異なる役割を持つ関係者の間での意義の共有と、コロナ対応をめぐる集団的行動を生み出す。

　調整では、指導者が時宜を得た情報提供を通じて信頼を築き、人々に個人や社会での行動案を妥当なものとし受け入れさせ、危機状況の強い制約での集団的行動を可能とさせる。

　制御は、コロナ禍において感染拡大の抑制、医療対応能力、安全なレベルでの経済・社会活動の間での適正なバランスを取ることを意味する。有効な制御のためには、国内の管轄区域を超えるところでの制御だけでなく、国境を超えるところでの調整を必要とする[29]。

28　David Grizzle,Amy Goodin,Scott E. Robinson, "Connecting with New Partners in COVID-19 Response," *Public Administration Review*, (2020), Volume80, Issue4, 629-632.

29　Louise K. Comfort,Naim Kapucu,Kilkon Ko,Scira Menoni,Michael Siciliano, " Crisis Decision-

　カイフェン（Kaifeng Yang）は、中国政府やアメリカ政府による新型コロナ
ウイルス対応を六つの「対称的視点（lens of six paradoxes）」、すなわち、①日
常のガバナンスと非日常のガバナンス、②価値の競合、③専門知識と政治、
④集権化と分権化 ⑤公的セクター（政府、自治体）と私的セクター（民間企
業、非政府組織、ボランタリー組織）、⑥技術と社会行動、の視点から捉えた。

　上記①について、両者の時間差（the time gap）をできるだけなくし、日常
のガバナンスに機能、プロセス、技術、リーダーシップ、専門知識、リソー
スが組み込まれた弾性（resilience）が備わってなければならないとする。

　上記②について、パンデミックのような非日常のガバナンスにおいて政策
立案者に求められるのは、価値のトレードオフだとする。健康・安全と経済
発展、個人の自由と集団的利益、透明性とプラバシー、権利と義務、効率性
と公平性、表現の自由と流言・パニックの防止といった間でのバランスが取
られなければならないとする。

　上記③について、民主的な統治には科学的根拠にもとづいた政治の意思決
定が不可欠である。そして上記④については、政府と自治体との間でも組織
環境、戦略、技術を根拠とするトレードオフが必要であるとする。意思決定
の集中化（集権）と迅速な情報収集・応答性・分散（分権）とのバランスが重
要だというのである。

　上記⑤については、パンデミックにおける政府と市場との関係ともいえ、
どのようなメカニズムの下で、また、どのような環境において政府への支援
を民間企業に強制し、政府が企業に権限を与えることができるのかといった
課題が挙げられた。さらに、上記⑥について、政府、資金を提供する民間企
業、研究機関、社会はパンデミック対応の技術を形成する上で役割を果たし
ている点を指摘した。要するに、パンデミック対応のために政府内外におけ
る制度化された政策能力が強化されるべきだと結論したのである[30]。

　　Making on a Global Scale: Transition from Cognition to Collective Action under Threat of
　　COVID-19" *Public Administration Review*, (2020), Volume80, Issue4, 617.
30　Kaifeng Yang, "Unprecedented Challenges, Familiar Paradoxes: COVID-19 and Governance

　東京五輪の成否はまさに、グリズルのいう「管理ネットワークを通じた多様なリソースと調整」如何に掛かっていた。政府、組織委、都が、いかにコロナ禍での開催を IOC、医療機関、危機管理機関、自治体、企業などと連携して進めていけるのか、すなわち東京五輪利害ネットワーク（東京五輪共同体）の作動の中身が「専門知識」を駆使することを不可欠としつつ、緊急な迅速対応が問われたのである。

　そして、ルイーズの知見を借りるならば、東京五輪共同体に突きつけられたのは、認知という「新たなリスクの程度を認識し、その情報にもとづいて行動する能力」そのものであった。同時にその政策の立案・実施には、無観客開催による大量の無効チケットの出現、学校観戦の中止、東京五輪関連市場の極端な矮小化など、まさに摩擦絡みの「厳しいトレードオフ」が生じたのである。そこでは上位下達の「コミュニケーション」によるプレーブックの順守など「集団的行動」が少なくとも表向きには厳格に要請されていた。

　また、「調整」においては、その集団的行動は五輪を何とか終えるという錦の御旗のもとで単一・統一見解となり、それが選手・関係者のみならず、社会の間にもかなりの程度浸透したがゆえに、「危機状況の強い制約での集団的行動」を可能としたのである。さらに、「制御」が実際に作動しなければ、競技は即延期あるいは中止に直面する。東京五輪ではまさに、「感染拡大の抑制、医療対応能力、安全なレベルでの経済・社会活動の間での適正なバランス」という「制御」が開催の最低限かつ必要十分条件であった。それは多国籍の選手・関係者を迎え入れるという意味でも、「国境を超えるところでの調整」の産物であった。

　それでは、カイフェンによる「対称的視点」は、東京五輪開催期間中の特異現象とどう関わってくるのであろうか。諸外国の政変の影響をもろに受けるケースも想定できるものの、ここではコロナ禍が及ぼしたインパクトに注目したい。通常開催（「日常のガバナンス」）とコロナ禍・無観客開催（「非日常の

---

in a New Normal State of Risks." *Public Administration Review*, (2020), Volume80, Issue4, 657-664.

ガバナンス」）において、後者は前者に向かう弾性を備えていたのであろうか
（上記①）。大会をやりきったという点では弾性有りであったが、無観客や徹
底的なコロナ対策、その他開催運営の大幅変更によるある種の変則開催とい
う意味では、弾性無しであったといえる。

　「価値のトレードオフ」（上記②）について、先述したようにコロナ禍・無
観客東京五輪では、安全と健康・経済、個人の思い（開催の賛否）と集団的利
益（大会遂行）、透明性（コロナ感染や対策の中身）とプライバシー（陽性者の国籍
や名前や所属チームなど）、権利（大会出場、競技パフォーマンスの発揮）と義務（プ
レーブック順守）、効率性（検査の遂行や移動など）と公平性（準備・練習環境や休息
設備や医療対応）、表現の自由（ツイッターでの発信など）と流言・パニックの防
止（選手に対する誹謗中傷対策など）といった具合に、まさに「価値のトレード
オフ」が刻々と変容する状況の中で問われ続けた日々であり、その実相が随
所に露呈された。

　「専門知識と政治」（上記③）について、コロナ禍では「科学的根拠にもと
づいた意思決定」は政府や組織委の説明責任そのものとなった。そこには、
コロナ禍での開催が安全であることを示すための、躍起となって行われた膨
大な検査数や検査数に比しての陽性者数の割合の極端な低さを声高に強調す
る政府や組織委の姿勢があった。「科学的根拠にもとづいた意思決定」、すな
わち、専門知識と政治的行為（開催そのものがレガシーであるなど）との連結が
問われたからであった。

　「集権化と分権化」（上記④）について、政府・組織と開催地自治体との連
携と協力なしでは競技の遂行自体がおぼつかなくなる。そこで、組織委主導
での開催環境や運営ルールの設定の下、これを受けて自治体の判断で対応し
競技環境を整備する（「集中化」と「応答性」）という、あたかも集権的行為と
分権的行為を同時に走らせるような現象が生じた。

　「公的セクターと私的セクター」（上記⑤）について、東京五輪ではまさに
「政府への支援を民間企業に強制し、政府が企業に権限を与えることができ
るのかといった課題」が強烈に突き付けられた。コロナ禍・無観客の開催で

は、スポンサー企業の立ち位置が大きく揺さぶられた。スポンサー行為そのものが、社会から不興を買う事態が生じたからである。ボランティアにしても、不祥事続出による取り下げや、開催をめぐる賛否の分断が生じた。組織委は企業に対してスポンサー料と引き換えに権限を与えるどころか、スポンサー企業の権限縮小や撤回を交渉しなければならない状況に追い込まれたのである。

「技術と社会行動」（上記⑥）について、コロナ対策そのものが民間企業の技術に依存するものであった。コロナアプリがどれだけ実効性を発揮したかは不明であり、技術企業の選定や支払額の妥当性を疑問視するなど批判の顕在化はあったにしても、技術力を有する企業なしでは、東京五輪における感染検知・防止体制とその作動そのものが成り立たなかった。

7　緊急事態宣言下のトレードオフとバランス

コロナ禍・無観客東京五輪では、非日常の五輪ガバナンスが展開された。その特徴の一つは、1都3県以外の開催地である北海道、宮城、福島、茨城、静岡の1道4県の競技会場の観客（とくに学校観戦をめぐる）の取り扱いであった。児童・生徒に何としても観戦の機会をという考えの一方で、感染防止の観点から反対との考えもあった。その狭間、すなわち観客をめぐるトレードオフとバランスをめぐる1道4県の対応は、最終的には各知事の判断に委ねられた。

そして、もう一つの特徴は、不祥事の続出や直前での無観客開催の決定により、本来のスポンサー機能が発揮できない中での、スポンサー企業の東京五輪への向き合い方の変化であった。スポンサー企業の露出が、逆に自らのイメージ低下や批判に直結する事態が生じた。五輪がスポンサー企業に悪影響を与えかねない、その意味で近代五輪史上、極めて特異な状況が生じたのである。

こうした二つの特徴を示す事例を以下に順に抽出・提示する。

　緊急事態宣言下での東京五輪開催が決まったことを受け、政府と都、組織委、IOC、IPC（国際パラリンピック委員会）は7月8日、東京、埼玉、千葉、神奈川の1都3県の会場を無観客とする方針を固めた。北海道、宮城、福島、茨城、静岡の1道4県の競技会場は現行の「定員の50%以内で最大1万人」を維持するとした[31]。

　組織委は7月9日、五輪で観客を入れて行うセッションは全42会場750セッションのうち、7会場34セッションにとどまることを明らかにした[32]。うち7セッションは販売済みチケットが上限を超えたため再抽選を実施し、結果は7月10日未明に公表することとした。首都圏1都3県の会場は無観客とし、宮城、福島、静岡3県は現行の「定員の50%以内で最大1万人」を維持、茨城県は「学校連携観戦プログラム」による観戦のみ受け入れる方針を決めた。組織委は同日の7月9日、北海道も日中のセッションは宮城など3県と同基準の有観客で実施すると発表した。午後9時を過ぎる試合は検討中とした。再抽選の対象となるのは福島県での野球・ソフトボール、北海道と宮城県でのサッカー男子の計7セッションとなった[33]。

　総セッションの約97%が払い戻し対象となった。観客上限を超えたため再抽選の対象となったのは宮城県のサッカーのみであった[34]。

　首都圏の1都3県と北海道、福島県では無観客で開催されることになった。一方で宮城県で行われるサッカーは、定員50%以内で最大1万人の観客上限を維持して開催するとした。茨城県はカシマスタジアムで行うサッカーについて、昼間の試合のみ、県内の学校連携チケットによる観戦を可とした[35]。

　組織委は7月22日、販売したチケットが大会全体で4万枚にとどまったと

31　2021年7月9日付産経新聞「五輪1都3県無観客」。
32　セッションとはチケット単位の時間帯。たとえば有明体操競技場における7月25日（土）10-12:30の体操競技で1セッションとなる。
33　2021年7月10日付産経新聞「五輪有観客は7会場」。
34　2021年7月11日付毎日新聞「五輪　福島無観客に」。
35　2021年7月11日付産経新聞「中高生観覧の拡大検討を」。

発表した。大半の会場が無観客になって356万枚が無効になり、さらに有観客のセッションの払い戻しが3万枚に上った[36]。

　結局、宮城、茨城、静岡の3県が観客を入れた。サッカーが行われた宮城県は約1万9300人、自転車競技が実施された静岡県が約2万600人、茨城県では、「学校連携観戦プログラム」に申し込んだ小中高生約3400人がサッカーを観戦した[37]。

　政府が6月21日に観客数の上限を最大1万人にとすることを決めてから、無観客が実質決まるまで2週間しかたっていなかった。スポンサー企業は明確な方針を示さない政府の判断を待っていては間に合わなくなるため、開催を前提に準備だけは進めてきた。無観客となって、たとえば観戦チケット付きのツアーを企画していたJTBは、5月24日から販売を再開し、すでに完売していたが、無観客となれば返金や観客対応などの手続きに入る必要があった。また、NTTグループも7月1日、第5世代（5G）移動通信システムを活用した、会場での新たな観戦スタイルを発表したばかりであった。来場者にスマートフォンや拡張現実（AR）ゴーグルなどを使った観戦体験を提供し、日本の技術力を国内外にアピールすることを計画していた[38]。

　7月19日、トヨタ自動車は大会関連のテレビコマーシャル（CM）を見送る方針を明らかにした。同日夜には開会式の楽曲制作を担当するミュージシャンで、開会式冒頭の約4分間の音楽担当予定者が過去のいじめの責任を取る形で辞任した。トヨタは東京五輪で電気自動車（EV）や燃料電池車（FCV）など3340台を提供していた[39]。

　以上のように、直前での原則無観客開催の決定は、学校観戦や上限観客数をめぐって、当初は1都3県において、その後は1道4県において、足並みの乱れや方針の急転換、それに対する賛否両論の噴出といった混乱を招い

36　2021年7月23日付朝日新聞「チケット　販売済み4万枚に」。
37　2021年8月11日付読売新聞「五輪の観客4万3300人」。
38　2021年7月9日付産経新聞「五輪スポンサー『人災』」。
39　2021年7月20日付日本経済新聞「五輪直前　新たな試練」。

た。皮肉にもここに来て、ある種の自治的な意思決定が広域自治体単位で生じたのである。また、スポンサー企業にとっては、不祥事の続出と無観客開催は企業イメージの大幅低下の恐れと活用・露出機会の喪失といった形で跳ね返ってきた。スポンサー企業は大会の1年延期によって契約の延長を強いられたのみならず、開催直前になって、いわば政府や組織委によってはしごを外され、市場戦略の大幅な修正と後退、さらには消失に直面したのである。

8　良いネットワーク・ガバナンス

　トム・クリステンセン（Tom Christensen）らは、ノルウェー政府のコロナ対策に注目し、以下のような結論を提示した。

　政府は行政レベル、政策分野、他のセクターとの間で協力することができた。基本的な政治決定は専門家や専門担当にのみ委任されたのではなく、他の関係者との相互協力の中で行われ、そのことが政府の状況理解能力を高めた。コロナ危機においてどのような制約を課すのかについてのオープンな議論が、また、政治的コントロールと専門家自治とのバランスをどう取ればいいのかについての議論が、民主制とテクノロジーとの間の曖昧な境界を浮き彫りにした。

　政治アクターと専門家アクターが一緒になって危機を軽減するためには、何が生じたのかについて、そして、どのような対処が必要とされるのかについての確固とした共通理解を持ち、それを伝達し合うことが重要であった。そのことが政府とガバナンスの正当性についての人々の信頼を高めることにつながった。

　協調的で実践的な意思決定スタイル、国民との間の相互コミュニケーション、多くの資源投入、政府に対する国民の信頼性の高さによって、人々に厳しい制約規制を課すことができた。危機管理の要諦は、民主的正当性と政府能力とが結びつくことである。不確実かつ緊急な状況においては、政府能力、有効な危機コミュニケーション、人々の自発的な協力への実装的適応ア

プローチ（an agile-adaptive approach）こそが、有効な危機管理のためには不可欠な要素なのである。

　国、政策分野、行政レベル、政治組織、専門家組織の境界を超えた協働が大切である。ヒエラルヒーという陰の中で、異なる諸アクターがネットワーク内やチーム内で共に仕事・業務に従事する融合的で複雑な組織形態（hybrid and complex organizational forms）が、この種の危機管理に対する適正な方法となり得る。課題に対応するには、信頼や忠誠といった文化的要因、調整能力や規制能力といった構造的要因、そしてコロナについてのエビデンスにもとづいた知識が必要である[40]。

　果たしてコロナ禍・無観客という危機における東京五輪では、クリステンセンが指摘するような良いネットワーク・ガバナンスが形成され機能していたのであろうか。そして、開幕期間中において「実装的適応アプローチ」が実行されていたのであろうか。

　実態からは否といわざるを得ない。確かに東京五輪は最後まで遂行された。ただそれは、先述した緊急の緊急という「二乗」の危機的状況において、関係者間の協力や調整のネットワークは、歪（ひずみ）を抱えた状態で、開幕を迎えざるを得なかった。大会の遂行は運営の現場を担う関係スタッフの驚異的な対応という実務能力に依るところが大きかった。同時に、皮肉にも無観客開催により、選手がパフォーマンスを発揮しやすい環境の整備が相対的に容易になった。

　そこには、「国、政策分野、行政レベル、政治組織、専門家組織の境界を超えた協働」が成立する余地は初めからなかった。「政治的コントロールと専門家自治とのバランス」は不均衡のまま、前者の意思が一方的に提示され、いわば関係者間の片務的な意思決定構造のもとでの大会運営の実務が強いられた。そこでは、東京五輪ネットワークの内のみならず外への丁寧な説

40　Tom Christensen, Per Lægreid, "Balancing Governance Capacity and Legitimacy: How the Norwegian Government Handled the COVID-19 Crisis as a High Performer" *Public Administration Review*, (2020), Volume80, Issue5, 778-779.

明を行う余裕はなかった。「民主的正当性」と「政府能力」とは乖離したまま開幕し、乖離したまま閉幕に至った。

9　東京五輪ネットワーク・ガバナンスの欠損

　それでは、コロナ禍・無観客東京五輪において歪んだ東京五輪ネットワーク・ガバナンスの諸要素には、具体的にはどのようなものが挙げられるのか。

　以下、開催ありきで理屈を後付けする IOC の一貫した姿勢、有観客戦略の崩壊、政権浮揚の失敗、組織委会長の2030年札幌冬季五輪招致への意欲表明、東京五輪・パラリンピック閉幕後の評価について、新聞報道から抽出・提示する。

　IOC 会長のバッハ氏は 7 月21日の IOC 総会に世界保健機関（WHO）のテドロス事務局長を招いた。テドロス氏は基調講演で「大会期間中に症例を特定し、隔離し、追跡し、できるだけ早く治療することで更なる感染を防ぐことが成功の鍵だ」と述べた[41]。

　IOC のマーク・アダムス広報部長は 7 月29日の記者会見で、新型コロナの感染拡大について「パラレルワールド（並行世界）みたいなものだ」と述べ、東京五輪開催と感染拡大は無関係との認識を示した[42]。

　世界保健機関（WHO）のテドロス事務局長は 7 月30日、ジュネーブでの記者会見で、日本と IOC が東京五輪の開催中に「新型コロナウイルスの（感染拡大の）危険性を最小限にするため、最善を尽くしてきた」と評価した[43]。

　専門家の声を無視できないものの、有観客をあきらめるわけにはいかない政府がひねり出したのが、宣言に準ずる「まん延防止等重点措置」を用いて、段階的に有観客に筋道をつける策だった。6 月21日、重点措置の解除を

41　2021年 7 月24日付毎日新聞「高揚なき強行五輪」。
42　2021年 7 月30日付毎日新聞「感染拡大『パラレルワールド』」。
43　2021年 8 月 1 日付産経新聞「五輪の感染対策『最善』」。

前提に、五輪の観客を「上限1万人」とすることとした。同時に、再び宣言が出るか重点措置が延長となった場合は、「無観客も含めた対応を基本とする」とした[44]。

　組織委の橋本聖子会長は9月6日、札幌市が招致を検討している2030年冬季大会について「寄与することは組織委のレガシー（遺産）の一つ。（札幌の）組織委会長に、という依頼があったら、ぜひ受けさせていただきたい。フルスタジアム（満員の観客）で、子供たちの笑顔があふれる大会を目指したい」と語った[45]。

　開催決定から8年に及んだ国を挙げた巨大事業の評価は容易ではない。2013年9月の招致決定後、政府は20年の訪日外国人旅行者数を4000万人、消費額を8兆円とする目標を掲げた。「先端技術で日本の存在感を示す機会」（政府筋）との期待も膨らんだ。しかし、五輪に便乗した経済回復の筋書きは、大会延期や海外観客の受け入れ断念で崩壊した。当時の組織委員長による女性蔑視発言や式典演出を巡る不祥事が相次いだ。政府や組織委は中止論に耳を傾けず、反発を増幅させた。当時の首相がパラ閉幕目前の9月3日に退陣意向を表明する皮肉な幕切れとなった。政権浮揚どころか、結果的に東京大会と新型コロナ対応が政権の体力を奪った[46]。

　近代オリンピックの創始者であるフランスのピエール・ド・クーベルタン男爵は、1925年の演説で、「商取引の場か、それとも神殿（スポーツの純粋性）か！スポーツマンがそれを選ぶべきである。あなた方はふたつを望むことはできない」と述べた[47]。

　このように、IOCの開催ありきの前提から生じるWHOへの工作的行為や人々の怒りを招きかねない無神経発言があった。否、それ以上の無神経発言は、東京五輪の何の総括もなしに示された、組織委会長の札幌冬季五輪誘

44　2021年8月24日付朝日新聞「勝負の有観客　崩れた戦略」。
45　2021年9月7日付読売新聞「橋本会長『30年冬季札幌』に意欲」。
46　2021年9月6日付下野新聞「東京五輪・パラ閉幕」。
47　2021年7月24日付毎日新聞「大会の意義問い直す場に」（カッコ内筆者）。

致への意欲表明であった。総括報道からは、政府にとっての東京五輪とは、あくまでも政権浮揚や経済回復の強力で魅力的なツールであり、だからこそ開催と有観客に最後まで拘泥した事実が窺える。しかし、皮肉にも政治と経済のそのような狙いは瓦解してしまったのである。

10　東京五輪が残したもの

　選手が映像を通じて人々に与えた感動、コロナ禍でも大会を成立させたこと、大会運営におけるスタッフの努力など、「いろいろあったが、やはり東京五輪を開いて良かった」という情緒的な評価は、スポーツがもたらした貴重な価値として認識され続けなければならないだろう。

　しかし、そのことと、今回のコロナ禍・無観客東京五輪が炙り出した組織委、政府、IOC、東京都、スポンサー企業などの利権構造ネットワークの機能と作動の歪みは別次元の事象であり、この点が見過ごされてはならない。

　東京五輪は2013年9月の2020年開催決定以降、数々の難題に見舞われてきた。しかし、とくにコロナ禍に見舞われた2020年1月以降は、世界中のあらゆる国家・地域がコロナ禍対策に苦しんだ意味で、戦争という国家間や同盟間の脅威を除けば近代五輪史上、最大で最も厄介な脅威に直面したことになる。

　そうでなくても、肥大化・巨大化し続けてきた五輪開催は、IOC主導のその意思決定において、もはや一つの都市、さらには政府のみで背負い切れる事業の範疇を超えていたのである。そこに降りかかってきたコロナ禍により、東京五輪はコロナ禍がなければ表面化しなかったはずの政治・経済上の利害矛盾がさまざまな形でさらけ出された。いわば、東京五輪の背後、水面下、舞台裏、陰の部分が、時には垣間見えたり、時にはあからさまになったりしたのである。

　政治や経済の根幹的な利害構造が揺さぶられる事態に直面しても、政府、組織委、都、IOCの東京五輪利害共同体は、スポーツの持つ崇高な理念用

語を盾にして、さらにはスポーツの理念を巧みな修辞技法でもって各節目で振りまきつつ、実態の説明責任を回避し続けた。安全・安心の大会を錦の御旗に、自らを利する数値を選んで、世論誘導を図った。

　東京五輪利害共同体は、その意味では利害面でのネットワーク・ガバナンスを揺るがすことなく、開幕直前まで有観客での開催という無理筋に拘泥した。そこにはアスリートファーストの尊重もなければ、選手が躍動する場を普遍的かつ公共文化財的な視点から守り抜くという崇高な理念もなかった。政治や経済の利害が何よりも優先されたのである。

　しかし、皮肉にも無観客開催がもたらす警備の縮減や観客の感染対策業務の消失などが、とくに大会運営業務の最前線におけるスタッフの奮闘に支えられ、結果的に選手が競技に集中できる空間を生み出しやすくした。映像がそれを人々に伝えることで、感動五輪が出現したのである。

　東京五輪をめぐる評価は今後も一定することはないであろう。その意味で分断は続くことになるだろう。「良かった」（肯定派）、「悪かった」（否定派）、「どちらともいえない」（決めかね派）などというのはあまりにも単純に区分けした価値評価なのであろう。

　しかし、少なくともこうは言えるのではないか。いずれも熟考があたっと仮定すれば、肯定派は東京五輪の結果を、否定派は東京五輪のプロセスを、決めかね派はその両方を重視しているように思われる。少なくとも、コロナ禍・無観客の開催に至る東京五輪利害共同体の意図や意思決定、行為や作動に注目し、このプロセスを子細に観察した一研究者から見れば、東京五輪は欺瞞の祭典であった。この祭典は、これまで見てきた危機対応、意思決定、大会追加経費、政策判断、不祥事、観客対応、政策レガシー、地方創生スポーツ事業との関連、ネットワーク・ガバナンス機能、総括評価といった側面で、多くの欠陥を残したままで終わったのである。

著者紹介

中 村 祐 司（なかむら ゆうじ）

1961年　神奈川県生まれ
1987年　早稲田大学大学院政治学研究科修士課程修了
1991年　早稲田大学大学院政治学研究科博士課程満期退学
2003年　博士（政治学、早稲田大学）
同　年　宇都宮大学国際学部・大学院国際学研究科教授
2016年　同地域デザイン科学部教授
2018年　同大学院地域創生科学研究科教授（現在に至る）
　　　　専攻　地方自治・行政学

単 著

『スポーツの行政学』（成文堂、2006年）
『"とちぎ発"地域社会を見るポイント100』（下野新聞新書2、2007年）
『スポーツと震災復興』（成文堂、2016年）
『政策を見抜く10のポイント』（成文堂、2016年）
『危機と地方自治』（成文堂、2016年）
『2020年東京オリンピックの研究』（成文堂、2018年）
『2020年東京オリンピックを問う』（成文堂、2020年）
『2020年東京オリンピックの変質』（成文堂、2021年）

2020年東京オリンピックとは何だったのか
—欺瞞の祭典が残したもの—

2022年3月1日　初版第1刷発行

著　者　中　村　祐　司

発行者　阿　部　成　一

〒162-0041　東京都新宿区早稲田鶴巻町514番地
発行所　　株式会社　成文堂
電話 03（3203）9201　Fax 03（3203）9206
http://www.seibundoh.co.jp

製版・印刷　藤原印刷　　　　　製本　弘伸製本
©2022　Y. Nakamura　　　Printed in Japan
☆落丁・乱丁本はおとりかえいたします☆
ISBN978-4-7923-3418-5　C3031　　検印省略

定価（本体2,700円＋税）